T0107910

DANS LA MÊME COLLECTION

QU'EST-CE QUE LA FICTION ?

COMITÉ ÉDITORIAL

Christian BERNER

Stéphane CHAUVIER

Paul CLAVIER

Roger POUIVET

CHEMINS PHILOSOPHIQUES

Collection dirigée par Roger POUIVET

Lorenzo MENOUD

QU'EST-CE QUE LA FICTION ?

Paris

LIBRAIRIE PHILOSOPHIQUE J. VRIN

6, place de la Sorbonne, V^e

2005

à Jacques
à Milena

Gregory CURRIE, « Fictional Names », *Australian Journal of Philosophy*, vol. 66, 4, 1988
© Oxford University Press, 1988
Kendall WALTON, *Mimesis as Make-Believe: On the Foundations of the Representational Arts*
© 1990 by the President and Fellows of Harvard College

En application du Code de la Propriété Intellectuelle et notamment de ses articles L. 122-4, L. 122-5 et L. 335-2, toute représentation ou reproduction intégrale ou partielle faite sans le consentement de l'auteur ou de ses ayants droit ou ayants cause est illicite. Une telle représentation ou reproduction constituerait un délit de contrefaçon, puni de deux ans d'emprisonnement et de 150 000 euros d'amende.

Ne sont autorisées que les copies ou reproductions strictement réservées à l'usage privé du copiste et non destinées à une utilisation collective, ainsi que les analyses et courtes citations, sous réserve que soient indiqués clairement le nom de l'auteur et la source.

© *Librairie Philosophique J. VRIN,* 2005
Imprimé en France
ISBN 2-7116-1798-X

www.vrin.fr

QU'EST-CE QUE LA FICTION ?

INTRODUCTION[*]

Vous prenez ce livre et vous lisez, à voix haute :

> Les lueurs se sont multipliées. C'est à ce moment que je suis
> entré, que commence mon séjour dans cette ville, cette année
> dont plus de la moitié s'est écoulée, lorsque peu à peu je me suis
> dégagé de ma somnolence, dans ce coin de compartiment où
> j'étais seul, face à la marche, près de la vitre noire couverte à
> l'extérieur de gouttes de pluie, myriade de petits miroirs,
> chacun réfléchissant un grain tremblant de la lumière insuf-
> fisante qui bruinait du plafonnier sali[1].

Alors vous vous demandez, comme vous êtes assis à votre
table de travail, si le texte que vous venez de lire avec un plaisir
non dissimulé est de la fiction ou de la non-fiction – cherchant
alors quels sont les candidats susceptibles d'expliquer cette
curieuse propriété d'un texte, à savoir sa fictionalité[2].

---

[*] J'aimerais remercier ici Véronique Vassiliou, mon amour non fictionnel,
Jérôme Dokic, pour son soutien critique, et Roger Pouivet qui m'a proposé
d'écrire ce livre.

[1]. M. Butor, *L'emploi du temps*, Paris, Minuit, 1956, p. 9.
[2]. Nous ne traiterons pas ici des « fictions » construites par les philosophes
pour clarifier des notions conceptuelles, fictions qui peuvent s'apparenter aux

Il y a un sens, non technique, dans lequel la fiction est assimilée au mensonge ou à la feintise. Par exemple, lorsque l'on dit que toute cette histoire n'est qu'une fable, un conte à dormir debout ou encore totalement *romanesque*. Mais dans le mensonge, ce que Schaeffer appelle la feintise sérieuse, il y a l'intention de tromper l'autre, la volonté de dire le faux en sachant que c'est faux, ce qui n'est pas le cas de la fiction. Plus précisément, Schaeffer distingue l'imitation, le leurre, la feintise et la fiction. L'imitation est une notion complexe recouvrant différents types de phénomènes qui tous tirent profit de la relation de ressemblance. Parmi ces imitations, les leurres sont des manifestations plus ou moins comportementales qui avantagent toujours l'organisme imitateur par rapport à des prédateurs ou à des proies, par exemple les dessins en forme d'œil de rapace qui ornent les ailes de certains papillons. Le mensonge est un leurre linguistique «puisque mentir revient à émettre un acte de langage qui imite un compte-rendu sincère sans en être un, le but étant de tromper l'auditeur (ou le lecteur) »[1]. L'imitation est donc une technique générale que la feintise «sérieuse» et la feintise ludique partagée (la fiction) utilisent différemment, puisque cette dernière ne vise pas à abuser celui auquel on s'adresse. Enfin, l'erreur se distingue du mensonge, puisque l'on peut présenter comme vrai ce que l'on croit faux, et malgré tout dire le vrai, à savoir se tromper.

Mais qu'est-ce que la fiction ?

---

expériences de pensée. À ce sujet, voir *Personne, personnage* de C. Dours, Rennes, Presses Universitaires de Rennes, 2003.

1. J.-M. Schaeffer, *Pourquoi la fiction?*, Paris, Seuil, 1999, p. 66; plus généralement, voir le chapitre II.

LE TEXTE

On a souvent l'impression en lisant un roman que le texte lui-même se donne à nous comme fictionnel, que ses mots, ses phrases ont une spécificité que l'on ne trouve pas dans d'autres écrits. Plus précisément, la structuration d'une fiction, sa logique narrative (énonciation, temporalité, etc.), son style semblent être autant de paramètres discursifs nous incitant à la classifier comme nous le faisons. C'est pourquoi certains critiques pensent qu'il y a des marques propres à la fiction. Ainsi, Käte Hamburger croit déceler des indices de fictionalité dans l'emploi de verbes d'attitudes propositionnelles (croire, espérer, etc.) ou dans l'usage du discours indirect libre qui manifestent l'omniscience du narrateur hétérodiégétique connaissant les pensées de ses personnages [1].

Cependant de telles marques ne sont ni nécessaires à la fictionalité d'un texte, comme dans le récit à la première personne ou le récit hétérodiégétique en focalisation externe, ni suffisantes, dans la mesure où l'on peut trouver des descriptions d'états mentaux dans des contextes non fictionnels : « nos relations avec autrui, la façon dont nous voyons nos congénères ne se limitent jamais à des notations béhavioristes, mais mettent toujours en œuvre des attributions d'états mentaux » [2].

Si l'on considère l'extrait cité précédemment, on peut y déceler des signes apparents de fictionalité, comme la focalisation interne d'un narrateur intradiégétique, l'attention portée aux détails ou encore la présence de métaphores.

Mais bien que ces marques nous indiquent clairement que ce texte n'est pas tout ou partie d'un article de physique ou de

1. K. Hamburger, *Logique des genres littéraires*, 1977, Paris, Seuil, 1986 ; voir également D. Cohn, *Le propre de la fiction*, 1999, Paris, Seuil, 2001.

2. Schaeffer, *op. cit.*, p. 267.

philosophie, par exemple, il n'en demeure pas moins que rien dans ce qui est écrit ne peut exclure qu'il s'agisse d'une autobiographie ou d'un journal intime, plutôt que d'un récit fictionnel. Plus généralement, il se pourrait qu'un romancier et que l'auteur d'une autobiographie écrivent exactement le même texte, syntaxiquement parlant.

Il ne faut donc pas confondre des symptômes de fictionalité avec ce qui fait qu'un texte est (ou non) fictionnel. Il se peut que certains traits structurels comptent çà et là comme des preuves qu'une œuvre est fictionnelle, mais ce ne seront pas ces traits qui feront que l'œuvre est (ou non) de la fiction.

LA SÉMANTIQUE

Si la fictionalité d'un texte ne lui est pas intrinsèque, c'est peut-être une propriété relationnelle. La première relation à laquelle on pense est la relation sémantique de référence. Les textes de fiction seraient alors les textes dont les signes n'auraient pas de référence. Un énoncé sans référent est faux ou ne reçoit pas de valeur de vérité, selon les approches philosophiques. La référence et la valeur de vérité sont donc des caractéristiques déterminées par les relations du texte au monde, relations qui seraient inexistantes (ou suspendues) dans les textes de fiction.

Kendall Walton et Gregory Currie apportent chacun deux critiques identiques à cette proposition [1]. La première consiste à rappeler que la réalité elle-même peut être objet d'imagination. Un nom comme «Rome» dans *La modification* de Butor ou comme «Porbus» dans *Le chef-d'œuvre inconnu*

---

1. *Mimesis as Make-Believe*, Cambridge-London, Harvard University Press, 1990, p. 73-75 et *The Nature of Fiction*, Cambridge, Cambridge University Press, 1990, p. 4-9.

de Balzac font référence à la capitale de l'Italie et au peintre flamand. À l'inverse, un livre de critique littéraire comme *Les types universels dans la littérature française* de Jean Calvet traite de personnages de fiction tout en étant un ouvrage référentiel.

Néanmoins, certains philosophes prétendent que même si l'on admet que les œuvres de fiction peuvent concerner des objets réels, elles sont non vraies (voire fausses) [1]. La distinction que nous cherchons à établir résiderait alors dans la vérité des énoncés référentiels et la non-vérité (ou la fausseté) des énoncés fictionnels.

Currie et Walton, c'est là leur seconde objection, rejettent cette idée. Nous n'avons pas dû attendre l'année 1984, par exemple, pour décider si le texte éponyme d'Orwell était fictionnel ou non. Inversement, un livre d'histoire truffé d'erreurs factuelles demeure un livre d'histoire, c'est-à-dire un texte référentiel. Ce n'est donc pas, pour ces deux auteurs, le rapport sémantique au monde qui constitue le critère de fictionalité. Comme l'écrit Walton, « les faits peuvent être de la fiction et la fiction des faits » [2].

Currie précise que même si, contrairement à ce qu'il affirme, les textes de fiction manquaient de relation sémantique, ceci ne suffirait pas à expliquer la distinction entre fiction et non-fiction. Nous devrions avoir une explication concernant la façon dont les énoncés fictionnels sont utilisés. Et cette explication en terme d'usage serait ce qui en ferait une œuvre fictionnelle. Quant à Walton, sans identifier la fiction à

1. « La fausseté littérale distingue la fiction du récit vrai » écrit N. Goodman ; « Fiction for Five Fingers », dans *L'art en théorie et en action*, 1984, Combas, L'Éclat, 1996, p. 28. Pour M. Macdonald, les énoncés de fiction n'ont pas de valeur de vérité ; « Le langage de la fiction », 1954, dans *Esthétique et poétique*, G. Genette (éd.), Paris, Seuil, 1992, p. 218. C'est aussi le point de vue de M. Devitt, *Designation*, New York, 1981, p. 170.

2. *Op. cit.*, p. 74.

ce qui n'existe pas, il concède néanmoins qu'un des symptômes de la différence entre ces deux types de textes réside
dans le fait que *L'origine des espèces* de Darwin, par exemple,
ne garantit pas en lui-même la validité d'une assertion comme
« les espèces évoluent au moyen de la sélection naturelle ». De
telles assertions se justifient seulement dans la mesure où il y a
de bonnes raisons de penser qu'elles sont vraies. Alors que
dans une œuvre de fiction, c'est le livre lui-même qui garantit
la validité d'un de ses énoncés.

L'AUTEUR

Si la distinction entre fiction et non-fiction n'est ni
textuelle ni sémantique, il se peut qu'elle soit pragmatique.
Bon nombre de philosophes soutiennent en effet que cette
différence réside dans l'intention de l'auteur. Nous exami-
nerons brièvement deux versions de cette approche – selon
qu'elles considèrent que produire de la fiction est un acte
illocutoire spécifique ou non.

1) Pour John Searle, la différence entre la fiction et la non-
fiction réside dans le fait que lorsque j'énonce une phrase
comme partie d'un discours non fictionnel, je l'asserte, alors
que lorsque je la profère comme élément d'un discours fictionn-
nel, je feins de l'asserter. « Un auteur de fiction feint
d'accomplir des actes illocutoires qu'il n'accomplit pas en
réalité », sans intention de tromper, écrit-il[1]. Mais si l'acte
illocutoire est feint, l'acte d'énonciation est quant à lui bien
réel – l'auteur énonce effectivement des phrases. Les illocu-
tions feintes qui constituent une œuvre littéraire de fiction sont
rendues possibles par l'existence d'un ensemble de conven-

---

1. Voir « Le statut logique du discours de la fiction », dans *Sens et
expression*, 1974, Paris, Minuit, 1982, p. 109.

tions extralinguistiques, non sémantiques, qui suspendent l'opération normale des règles sémantiques et pragmatiques reliant les actes illocutoires et le monde. Ainsi, dans la fiction, la règle essentielle de l'assertion, à savoir celle qui stipule que son auteur répond de la vérité de la proposition exprimée, n'est pas respectée[1]. Puisqu'il n'est pas possible de feindre quelque chose sans avoir l'intention de le faire, nous dit Searle, le critère d'identification qui nous permettra de reconnaître si un texte est ou non une œuvre de fiction doit nécessairement résider dans les intentions illocutoires de l'auteur : « le seul fait d'identifier un texte comme roman, poème ou simplement comme *texte* suppose déjà que l'on se prononce sur les intentions de l'auteur »[2].

Bien des critiques ont été apportées à la conception de Searle. Nous retiendrons ici celles qui nous paraissent les plus pertinentes.

D'abord, d'après Walton, ce qu'un auteur feint d'affirmer n'a rien à voir avec ce qui fait que son œuvre est fictionnelle. Flaubert peut feindre de faire des assertions concernant Emma Bovary, par exemple, mais n'y est pas tenu. Plus généralement, il pense que le cœur de cette théorie est erroné en ce qu'elle considère que la fiction est tributaire du discours « sérieux ». Non seulement, selon lui, le discours fictionnel est indépendant du discours sérieux mais, surtout, les fictions littéraires ne sont pas les seules fictions. Ce qui fait que la littérature est fictionnelle devrait pouvoir être étendu à d'autres médias, ce qui n'est pas le cas. En effet, Walton se demande ce que serait une assertion en peinture ou un usage sérieux de la sculpture.

---

1. Il en va de même pour les autres règles. Pour plus de détails, se reporter aux p. 105 *sq.* de son article.

2. *Op. cit.*, p. 109.

Ensuite, Thomas Pavel remarque, avec Hilary Putnam, qu'à l'intérieur de chaque société la maîtrise du langage et de ses rapports à la réalité s'exerce en commun. En tant qu'individus, les membres d'une communauté peuvent ignorer la signification de termes tels que « or » ou « orme », dans la mesure où ils ne disposent pas des moyens pour s'assurer qu'un objet est en or ou un orme. Pourtant, ils emploieront sans difficulté de tels mots en vertu de la division sociale du travail linguistique, sachant que des spécialistes possèdent les renseignements nécessaires sur ces objets. C'est pourquoi, dit Pavel, des sujets dont les croyances s'acquièrent par la participation au groupe ne sauraient défendre la vérité de la plupart de leurs énoncés qu'en référence à leur communauté épistémologique. On ne peut donc exiger, comme le fait Searle, que le locuteur s'engage seul sur la vérité de son assertion ou la croyance en celle-ci (règle de sincérité).

Enfin, Currie pense qu'il est faux d'envisager la fiction comme l'acte de feindre d'asserter quelque chose. Il relève notamment qu'il est possible de s'engager dans des actes d'assertions feintes, sans avoir d'intention fictionnelle, comme lors de parodies ou d'imitations [1].

2) D'après Currie, c'est bien en vertu d'un acte engagé par l'auteur de fiction que le texte est fictionnel [2]. Mais, contrairement à Searle, il croit que la fiction se caractérise par un type d'acte illocutoire intentionnel spécifique. Avoir une intention fictionnelle est une condition nécessaire, quoiqu'insuffisante, pour produire une fiction. Il faut une condition supplémentaire qui concerne la relation entre l'histoire racontée et les événe-

1. Voir K. Walton, *op. cit.*, p. 81-85 ; T. Pavel, *Univers de la fiction*, 1986, Paris, Seuil, 1988, p. 27-37 ; G. Currie, *op. cit.*, p. 12-18.
2. C'est aussi le point de vue de R. Gall, « The Fictive Use of Language », *Philosophy*, 46, 1971 ; N. Wolterstorff, *Works and Worlds of Art*, Oxford, Oxford University Press, 1980 ; G. Genette, « Les actes de fiction », dans *Fiction et diction*, Paris, Seuil, 2004.

ments réels : si l'œuvre est vraie, alors il s'agit au plus d'une vérité accidentelle.

Cela dit, Currie place sa conception de la fiction dans le cadre de la théorie générale de la communication de Paul Grice, communication entendue dans le sens de dire ouvertement quelque chose à quelqu'un[1]. La fiction est donc un acte de communication qui émerge, selon lui, avec la pratique de raconter des histoires – celui qui écrirait des histoires sans les communiquer générant plutôt des fantasmes que des fictions. Ainsi, l'auteur qui produit une œuvre de fiction est engagé dans un acte communicationnel, impliquant un certain type d'intention : l'intention que le public fasse semblant de croire (*make-believe*) le contenu de l'histoire racontée.

Currie spécifie ensuite ce que requiert un énoncé pour être fictionnel. Exprimé de façon informelle, cela se présente ainsi : je veux que vous fassiez semblant de croire une proposition *p* ; je profère une phrase qui signifie *p*, en ayant l'intention que vous compreniez ce que cette phrase signifie et que vous reconnaissiez que j'ai l'intention de produire une phrase signifiant *p* ; j'ai l'intention que vous infériez de cela que j'ai l'intention que vous fassiez semblant de croire que *p* ; enfin, en partie comme résultat de cette reconnaissance, j'ai l'intention que vous fassiez semblant de croire que *p*.

Walton a critiqué la conception de Currie à l'aide d'un exemple[2]. Imaginez, nous dit-il, que des fissures naturelles de la roche tracent la phrase suivante : « Le Mont Merapi est en éruption ». Cette inscription ne nous convaincra pas que le Mont Merapi est en éruption ou que quelqu'un le pense et veut que nous le croyions. Au contraire, si ces fentes écrivaient l'histoire suivante : « Il était une fois trois ours… »,

1. Voir P. Grice, « Logique et conversation », *Communications*, 30, 1979, p. 57-72.

2. *Op. cit.*, p. 85-89.

le fait que cette inscription n'ait été rédigée par personne ne nous empêcherait pas d'éprouver du plaisir, de rire, de pleurer, c'est-à-dire de considérer cette histoire comme une histoire à part entière.

La différence fondamentale entre les actes illocutoires et les actes de faire-fiction réside, selon Walton, dans le rôle intentionnel des agents. Une question importante pour le récepteur d'un acte illocutoire est presque toujours « voulait-il le dire ? », mais on peut tout à fait lire une histoire sans se demander quelles vérités fictionnelles l'auteur entend générer. La notion de fiction accidentelle n'est pas aussi problématique que celle d'assertion accidentelle.

Ainsi, d'après lui, restreindre la fiction à la production de la fiction, comme le propose Currie, c'est obscurcir ce qui est particulier aux histoires et qui ne dépend pas de la personne qui les raconte.

En conséquence, les critiques apportées aux conceptions de Searle et de Currie nous donnent quelques raisons de douter de la justesse de leur approche respective.

Le lecteur

Nous pourrions alors penser que ce qui distingue la fiction de la non-fiction réside dans la réception des textes. Serait fictionnel, selon ce point de vue, ce qui est considéré comme fictionnel par le lecteur.

C'est en partie le point de vue de Walton (nous reviendrons plus précisément sur sa conception). La fictionalité se définit d'après lui par une fonction culturelle et sociale – « être le support dans des jeux de faire-semblant ». C'est en vertu de la compréhension des lecteurs qu'un texte sera ou non considéré comme de la fiction, à savoir en tant que lecteurs insérés dans une pratique collective et dont la fonction est reconnue par l'ensemble des individus de cette communauté. Les anciens mythes grecs sont de la fiction pour nous alors qu'ils étaient de la non-fiction pour les Grecs de l'Antiquité. La labilité de la distinction, nous dit-il, dérive partiellement de l'incertitude concernant le groupe social pertinent. Même si le fait que quelque chose soit de la fiction pour une société et pas pour une autre arrive moins souvent que ce que l'on pense. Il existe, d'après lui, une tradition de respect pour l'origine des œuvres des autres cultures et d'autres temps, c'est pourquoi nous essayons de trouver comment ces œuvres étaient comprises, comment leurs créateurs s'attendaient à ce qu'elles le soient, et nous cherchons à les utiliser ainsi.

Currie pense cependant qu'une communauté peut se tromper quant à la fictionalité d'une œuvre. D'après lui, nous pouvons croire qu'une œuvre est fictionnelle et apprendre, par la suite, qu'elle ne l'était pas. On peut se demander si une œuvre était populaire, mais il serait bizarre de demander si c'était une fiction. Par conséquent, d'après Currie, les lecteurs, collectivement ou individuellement, ne font ni ne défont la fiction.

Currie, qui a lu le manuscrit de *Mimesis as Make-Believe*, répond également à l'exemple des rochers de Walton : la seule chose qu'il démontre, c'est que nous pouvons considérer les fissures *comme si* elles étaient des fictions, mais nous ne pouvons pas y réagir comme nous réagirions à une œuvre fictionnelle. Cette attitude feinte ne suffit pas à faire de quelque chose de la fiction, sinon la Bible serait de la fiction puisque beaucoup de gens la lisent ainsi. Ce qui fait de la Bible de la non-fiction (si tant est qu'elle le soit), c'est l'absence du type exact d'intention fictionnelle de la part de ses auteurs. D'après Currie, tout peut être lu comme de la fiction, mais tout n'est pas de la fiction.

Il se peut cependant qu'il y ait des œuvres que nous lisons habituellement comme des fictions et qui ne sont pas le produit d'intentions fictionnelles. Il prend l'exemple de *Robinson Crusoé* qui serait, d'après certaines hypothèses, un texte que Defoe n'aurait pas conçu comme une fiction. Si c'est vrai, cela semble poser un problème à la théorie de Currie (et de Searle), pour qui la fictionalité dérive de l'intention de l'auteur. Mais cela ne constitue qu'une difficulté apparente, écrit Currie, lorsque l'on distingue la question de savoir si un texte est fictionnel de la question de savoir s'il est (ou doit être) traité comme fictionnel par le public. Dire que ce *Robinson* n'est pas fictionnel, ce n'est pas dire que les lecteurs actuels doivent changer leur attitude envers ce livre. Puisque l'histoire n'est pas vraie, le lecteur ne doit pas traiter les phrases comme des assertions. Il ne peut rien y apprendre de factuel. Alors la meilleure façon de lire ce livre, suggère Currie, c'est de le lire comme si c'était une fiction. C'est ce qu'il appelle une « pseudo-fiction ». Découvrir les intentions selon lesquelles Defoe a écrit son *Robinson* ne nous conduirait pas à réviser notre attitude envers le statut pseudo-fictionnel de l'œuvre – c'est-à-dire ne changerait pas notre façon de lire le récit – mais pourrait altérer notre attitude envers son statut fictionnel. Autrement dit, il ne faut pas confondre l'affirmation, historiquement révisable, que de telles œuvres sont fictionnelles avec l'affirmation, moins révisable, que ce sont de pseudo-fictions.

La différence entre être de la fiction et être considéré comme de la fiction est essentielle pour Currie, nous y reviendrons. Si nous ne faisions pas cette distinction, nous devrions considérer *L'Origine des espèces* comme de la fiction si une ou plusieurs personnes l'envisageaient ainsi. Pour reprendre l'exemple de la Bible, si l'athéisme se répandait encore, les quelques chrétiens restants pourraient admettre que la Bible est une pseudo-fiction (qu'elle est lue comme de la fiction), tout en refusant qu'elle soit une fiction.

Ainsi, le lecteur ne semble pas être à même d'établir la distinction entre fiction et non-fiction que nous cherchons.

L'ÉDITEUR

> En raison du caractère d'actualité de cet ouvrage, l'auteur tient à préciser que toute ressemblance entre certains personnages présentés ici et des personnes vivantes ou ayant vécu ne pourrait être le fait que d'une coïncidence [...]. L'auteur décline toute responsabilité à cet égard et rappelle qu'il s'agit d'une œuvre de pure imagination [1].

Ce préambule, pris au hasard dans un roman d'espionnage, est signé par son auteur. Mais il nous semble plus correct de l'interpréter comme une formule conventionnelle insérée par l'éditeur, afin de protéger son auteur et lui-même d'éventuelles condamnations en justice (« responsabilité »). Sinon, seul un concours de circonstances hautement improbable expliquerait le fait qu'il arrive que deux auteurs d'une même maison d'édition écrivent un texte d'avertissement strictement identique.

Mais qu'est-ce qui pousse un éditeur à croire que des lecteurs pourraient considérer des fictions comme des œuvres qui ne seraient pas de « pure imagination » ? Le fait que les événements relatés et que les personnages inventés ressemblent, de près ou de loin, à des événements et des individus réels. Mais cela n'est pas suffisant. Il faut aussi que le lecteur puisse se sentir choqué ou blessé par le point de vue présenté dans le roman (« en raison du caractère d'actualité de cet

---

1. P. Kenny, *Pas de preuves*, Paris, Fleuve noir, 1955.

ouvrage »). En effet, une fiction qui se contenterait d'évoquer les évolutions saisonnières d'un arbre du parc voisin ne serait probablement pas précédée d'un tel avant-propos. La lecture du roman de Paul Kenny confirme cette intuition. Ce livre traite du démantèlement par les services secrets français d'un trafic d'armes destinées aux mouvements de libération nord-africains. Le narrateur prend clairement parti pour les Français. Or, en 1955, ce sujet est d'une brûlante actualité, la guerre d'Algérie ayant commencé l'année auparavant.

Ces textes préliminaires, et bien d'autres du même genre, sont susceptibles d'accréditer la thèse selon laquelle c'est l'éditeur qui déterminerait ce qui est fictionnel ou non. L'éditeur en décidant de faire précéder le récit de l'auteur qu'il imprime par de tels avertissements semble, en effet, être à même d'établir la distinction que nous cherchons. Nous pouvons donc légitimement analyser ces « protestations de fictivité » comme des opérateurs de fiction qui indiqueraient explicitement la nature du texte en question et les sépareraient nettement de la réalité.

En outre, l'éditeur dispose d'autres moyens d'indiquer qu'un texte est fictionnel. Sans vouloir être exhaustif, on peut citer : la présence du mot « roman » ou « récit » sur la première page de couverture, la publication du texte en question dans une collection (ou une maison d'édition) éditant uniquement des textes fictionnels ou une explication de l'éditeur sur la quatrième page de couverture. Plus généralement, ces indices de fictionalité peuvent être regroupés dans ce que Gérard Genette appelle le « paratexte » [1].

---

1. Les « titre, sous-titre, intertitres ; préfaces, postfaces, avertissements, avant-propos, etc. ; notes marginales, infrapaginales, terminales ; épigraphes ; illustrations ; prière d'insérer, bande, jaquette, et bien d'autres types de signaux accessoires », *Palimpsestes*, Paris, Seuil, 1982, p. 9.

L'idée de déterminer le statut d'une fiction à l'aide de telles marques est très marginale dans la littérature philosophique, elle paraît néanmoins plausible. Roman Ingarden indique qu'« en écrivant [une œuvre d'art littéraire], nous ne préfixons pas les phrases de "signes de quasi-jugements" (bien que nous pourrions le faire); en revanche, le titre ou le sous-titre nous disent s'il s'agit d'un roman ou d'un drame ». Quant à Ronald Shusterman, il suggère que c'est la dimension pragmatique du paratexte qui détermine ou non la fictionalité d'un texte. Enfin Genette, bien qu'il définisse la fiction comme un acte illocutoire *sui speciei*, écrit: « Il semble peut-être abusif de raisonner constamment sur des formules d'incipit, comme si on ne lisait jamais au-delà. C'est que leur fonction est décisive, et proprement instauratrice: une fois accepté l'univers qu'elles imposent d'une manière ou d'une autre, la suite fonctionne sur le mode quasi sérieux du consensus fictionnel »[1].

C'est plutôt le contraire qui se passe: il existe une conception de la fictionalité dans une société quelconque et les éditeurs, comme tout un chacun, se conforment avec plus ou moins de bonheur à ce partage – leur influence réelle pouvant donner à penser qu'ils décident plus qu'un lecteur isolé. Néanmoins, il paraît clair qu'une politique éditoriale qui serait en désaccord avec la représentation sociale dominante de la distinction fiction/non-fiction serait marginalisée, rejetée, voire sanctionnée. C'est ce qui se passe actuellement avec toute la publication ésotérique qui, bien qu'ayant de nombreux lecteurs, n'a pratiquement aucun statut institutionnel (science, éducation).

---

1. *L'œuvre d'art littéraire*, 1931, Lausanne, L'Âge d'Homme, 1983, p. 158; « Fiction, connaissance, épistémologie », *Poétique*, 104, 1995, p. 514; *Fiction et diction*, p. 135, note 1.

LE SUPPORT DANS DES JEUX DE FAIRE-SEMBLANT

Walton a proposé une caractérisation fort prometteuse de la fiction. La fiction (littéraire ou non) se définit selon lui comme « toute œuvre dont la fonction est de servir de support (*prop*) dans des jeux de faire-semblant (*make-believe*) ».

Pour bien comprendre ce qu'il entend par là, il faut revenir en arrière, à notre enfance... Tout commence selon Walton par des jeux comme faire des gâteaux, jouer aux cow-boys et aux Indiens ou à la poupée. Dans chacun de ces jeux, les enfants utilisent certains objets comme supports à leur imagination. Ainsi, à l'aide de sable, ils feront semblant de faire des gâteaux, à l'aide de bâtons de se battre contre des cow-boys ou, des Indiens et avec une poupée en plastique de s'occuper d'un bébé. Ces activités comptent énormément pour les enfants, ils y investissent beaucoup de temps et d'énergie. De plus, cet intérêt ne paraît pas devoir se limiter à certaines cultures particulières, il semble qu'il soit universel. Pour ces raisons, Walton pense qu'il n'est pas plausible d'imaginer qu'une activité si importante disparaisse en grandissant. Sa thèse consiste alors à dire que nos interactions avec les œuvres d'art représentationnelles sont la continuation de notre activité enfantine. Ainsi les formes de faire-semblant se complexifieraient au cours de notre croissance, mais elles ne disparaîtraient pas.

Plus précisément, qu'est-ce qu'un support ? Un support, c'est un objet qui génère des vérités fictionnelles, autrement dit, c'est un objet qui de par sa propre existence crée des propositions fictionnelles. Une souche, un tas de sable ou une poupée sont des supports dans des jeux de faire-semblant. Ils sont, par exemple, respectivement responsables de la vérité fictionnelle des propositions « un ours brun m'attaque », « les gâteaux sont prêts » ou « bébé dort maintenant ».

Mais les œuvres d'art représentationnelles sont également des supports pour Walton. Ce qui rend fictionnel dans *Un dimanche après-midi sur l'île de la Grande Jatte* de Seurat qu'un couple se promène, c'est la peinture elle-même, à savoir les taches sur la toile. De la même façon, c'est à cause des mots qui constituent *Les voyages de Gulliver* que fictionnellement il y a une société de petits hommes qui se battent pour savoir comment les œufs doivent être cassés.

C'est donc parce qu'il y a un accord entre les participants qu'un objet fonctionne comme support collectif pour un jeu où l'on fait semblant. Dans le cas des souches, cet accord a été établi par stipulation, par exemple avec un énoncé du type : « Disons que les souches sont des ours ». Cet accord, qui permet le passage de l'objet au jeu, Walton le nomme *principe de génération*. Mais il y a d'autres façons d'établir un tel principe. Dans les œuvres d'art notamment, il n'y a pratiquement jamais de formulation explicite. Il s'agit plutôt de « métarègles » implicites indiquant à quelles sortes de jeux on peut ou on doit jouer avec les objets en question. Bien entendu, ces règles ne doivent pas être réitérées chaque fois que l'on joue à un tel jeu. Elles fonctionnent plutôt comme un langage, utilisable pour toute conversation, que comme un code inventé de toutes pièces et à renouveler.

Pour Walton, les propositions fictionnelles sont celles qui *doivent être* imaginées, qu'elles le soient effectivement ou non. Celui qui ne suit pas ces règles est hors-jeu. Ainsi, les principes de génération constituent des prescriptions conditionnelles concernant ce qui doit être imaginé dans telle ou telle circonstance.

Le rôle des supports dans la création de vérités fictionnelles est capital. Ils confèrent aux mondes de la fiction et à leur contenu une sorte d'objectivité, une indépendance qui rend palpitante notre expérience avec eux. Lorsque des supports sont en jeu, comme dans le cas des souches, ce qui est fictionnel paraît indépendant non seulement de ce que les protagonistes imaginent, mais également de ce qu'ils considèrent comme fictionnel. Au contraire, lors d'un rêve ou d'un rêve éveillé, je peux imaginer voler, il est donc fictionnellement vrai que je vole, mais aucun objet ne rend cela fictionnel.

Enfin, le terme de « fiction » est interchangeable avec celui de « représentation » pour Walton. Ce que toutes les représentations ont en commun, c'est un rôle dans le faire-semblant. Walton souhaite adopter une conception de la représentation qui exclue des objets comme les souches ou les nuages, par exemple, même si ceux-ci peuvent nous conduire occasionnellement à imaginer des ours ou des visages. Il oppose ces jeux épisodiques à ce qu'il appelle des jeux « autorisés », à savoir à des jeux où les supports qui permettent d'y jouer ont été créés en vue d'un certain but. Ainsi, par exemple, les poupées ont été pensées pour servir de bébés et les camions-jouets pour servir de camions. En ce sens, les œuvres d'art représentationnelles (peinture, roman, etc.) ressemblent plus aux poupées qu'aux souches. Elles ont été créées spécifiquement dans le but d'être utilisées comme supports dans des jeux d'un certain type.

Cette fonction de support dans des jeux de faire-semblant est immuable, alors que la façon dont une œuvre et sa fonction sont comprises est socialement relative. En d'autres termes, toute œuvre dont le rôle est de nous faire imaginer est une fiction pour Walton. Il se peut cependant, nous l'avons vu, que l'on n'attribue pas les mêmes fonctions aux mêmes œuvres à différentes périodes ou dans différentes cultures. C'est pourquoi, une fois qu'il a été spécifié de façon relative les fonctions que l'on attribuait à tel ou tel type d'œuvres, il est possible de déterminer absolument celles qui sont fictionnelles et celles qui ne le sont pas. Une œuvre singulière peut avoir comme fonction de réaliser un ou plusieurs rôles (véhiculer des assertions, apporter de la connaissance, cultiver la sagesse, conduire l'action, etc.). Il est clair que cette pluralité rend difficile la ligne de partage entre fiction et non-fiction, surtout quand le rôle de support dans un jeu de faire-semblant est mineur. Néanmoins, Walton pense qu'une œuvre, ou un passage d'une œuvre, dont le rôle est de susciter l'imagination est une fiction à part entière, peu importe les autres buts qu'elle peut avoir : « seul ce qui n'a pas du tout cette fonction sera appelé non-fiction » [1].

En résumé, la fonction qui définit la fictionalité d'une œuvre est intangible – être un support dans des jeux de faire-semblant – bien qu'une même œuvre puisse être considérée comme fictionnelle dans une communauté et non fictionnelle dans une autre, dans la mesure où elles auraient deux façons différentes d'évaluer la présence de cette fonction dans l'œuvre en question.

Currie va lui aussi se pencher sur le concept et l'activité de faire-semblant, proposant d'amender partiellement la caractérisation que Walton en a donnée. D'après Currie, nous l'avons dit, l'auteur de fiction a l'intention que le lecteur adopte une certaine attitude envers les propositions exprimées. C'est cette attitude qu'il appelle « faire semblant ». Nous sommes donc conduits par l'auteur à faire semblant de croire que l'histoire racontée est vraie.

Currie analyse le faire-semblant comme les croyances et les désirs, c'est-à-dire en termes d'attitude que l'on adopte envers des propositions ou de quelque chose que l'on fait. Ainsi, nous pouvons croire que p, désirer que p ou faire semblant (de croire) que p. Comme pour les autres attitudes

---

1. *Op. cit.*, p. 72. Ainsi, d'après Walton, les dialogues entre Hylas et Philonous de Berkeley sont fictionnels puisqu'ils mettent en scène deux personnages, bien que cet élément fictionnel ne soit guère plus qu'une « fioriture rhétorique », *op. cit.*, p. 93.

propositionnelles, lorsque je fais semblant de croire quelque chose, je n'ai pas nécessairement des images mentales. « Faire-semblant » se caractérise par son contenu propositionnel abstrait et non par un processus « introspectible » qui l'accompagnerait. « Faire-semblant » n'est donc pas un état qualitatif ou phénoménologique, comme la douleur, mais un état caractérisé par une proposition qui peut être accompagnée (ou non) d'images ou de sentiments. Contrairement à Walton, il ne place pas l'imagination au centre de son entreprise : « Ce qui distingue la lecture d'une fiction de la lecture d'une non-fiction, ce n'est pas l'activité d'imagination [qui peut être toujours présente], mais l'attitude que nous adoptons envers le contenu de ce que nous lisons : faire-semblant dans un cas, croyance dans l'autre »[1].

En outre, Currie distingue ce qui est fictionnel dans une œuvre de fiction de ce que l'on fait semblant de croire dans le même jeu – la classe des vérités fictionnelles ne coïncidant pas toujours avec celle des vérités du faire-semblant. Il y a des choses que l'on fait semblant de croire dans des jeux de fiction, mais qui ne sont pas vraies dans les fictions correspondantes. Ainsi, dans une fiction, je peux faire semblant que je lis un compte rendu d'événements qui auraient vraiment eu lieu, mais ce n'est pas une partie de la fiction, puisque l'histoire ne dit rien de moi. De cette façon, chaque lecteur produit une fiction plus vaste que ce qui est écrit, une fiction où il joue le rôle d'une personne en contact avec les événements de l'histoire. Sa tâche est alors de déterminer ce que sont ces événements et dans quel contexte ils ont lieu. En tant que lecteurs, nous considérons le texte comme produit par quelqu'un qui a une connaissance de ces événements. Le fait que nous soyons en contact avec les personnages et leurs actions par l'inter-

---

1. Pour Walton, l'imagination, *explanans* du faire-semblant, n'est pas uniquement propositionnelle, *op. cit.*, p. 42-43 ; Currie, *op. cit.*, p. 21.

médiaire de canaux fiables d'information fait partie du jeu de faire-semblant. C'est pourquoi d'après Currie, faire semblant de croire une histoire fictionnelle n'est pas simplement faire semblant que l'histoire est vraie, mais également qu'elle est racontée comme un fait connu.

Pour Walton, l'imagination est toujours autoréférentielle. Autrement dit, même si je ne suis pas le protagoniste de ce que j'imagine, je suis au moins l'observateur de ce qui se passe. Imaginer implique une sorte d'imagination relative à soi (*de se imagining*), dont l'imagination de l'intérieur est la variété la plus courante. L'imagination *de se* minimale qui accompagne toute expérience imaginaire, c'est d'être conscient de ce que l'on imagine. Ainsi, imaginer voir un rhinocéros, par exemple, c'est imaginer soi-même voir un rhinocéros et pas juste imaginer un exemplaire de rhinocéros vu. Si j'ai cette expérience, j'appartiens donc au même monde fictionnel que cet animal. Nous nous faisons nous-mêmes fictionnels et finissons, écrit-il, par atteindre le même niveau que les fictions. C'est ce qui explique selon lui notre interaction « émotionnelle » avec les fictions – nous y reviendrons.

Une autre différence fondamentale entre Walton et Currie et qui, si Currie a raison, ruine toute l'entreprise de Walton, c'est que Currie ne pense pas que l'on puisse expliquer la représentation picturale en termes de jeux de faire-semblant. Autrement dit, il sépare le caractère fictionnel d'une œuvre d'art visuel, qu'il explique en termes de faire-semblant, de son caractère représentationnel. Pour Walton, une peinture, par exemple, est un support dans un jeu de faire-semblant, et ce qu'elle représente dépend de son rôle dans ce jeu. Ainsi une toile de Napoléon peut être utilisée dans un jeu où regarder la peinture compte comme regarder Marx. Elle représenterait alors Marx. Au contraire, Currie propose de considérer que ce que représente une image ne soit pas dépendant du public, mais de l'artiste. Currie souligne aussi que la reconnaissance de l'empereur, ou du moins d'un personnage en habits militaires, précède tout emploi du tableau comme support dans un jeu de faire-semblant. C'est parce que nous avons reconnu Napoléon, que nous pouvons faire semblant que c'est Napoléon. L'idée de faire-semblant n'explique donc pas l'idée de représentation dans les arts visuels, car la notion de représentation précède celle de faire-semblant.

Enfin, Currie reproche à la thèse de Walton le fait qu'elle ne nous permet pas de distinguer entre des images fictionnelles et non fictionnelles – toute image étant nécessairement fictionnelle pour ce dernier [1].

Après avoir cherché en vain divers candidats capables d'expliquer ce qui fait la fictionalité d'une œuvre, il convient maintenant de développer une autre conception du statut de la fiction, mieux à même d'en saisir la complexité.

L'INSTITUTION 1

Je vais présenter quelques arguments en faveur d'une définition institutionnelle de la fiction. Mais qu'est-ce qu'un fait institutionnel ? Un fait institutionnel n'existe qu'à l'intérieur de systèmes de règles constitutives du type : « X est compté comme un Y dans un contexte C » [2]. Pour prendre un exemple, « tel et tel bout de papier est compté comme de l'argent en France », où le terme Y désigne plus que les simples caractéristiques physiques de l'objet désigné par le terme X. Il doit y avoir un accord collectif ou du moins une acceptation

---

1. Voir Walton, *op. cit.*, section 8.8. et Currie, *op. cit.*, section 2.9.
2. Voir J. Searle, *La construction de la réalité sociale*, 1995, Paris, Gallimard, 1998. Il est étonnant que dans ce texte Searle ne fasse à aucun moment le lien entre ce qu'il dit des faits institutionnels et le statut de la fiction.

collective de ce nouveau statut de la chose désignée par le terme X et de la fonction qui va de pair avec ce nouveau statut. Autrement dit, c'est l'imposition d'une intentionnalité collective à un objet matériel X (brut) qui le rend Y (institutionnel) dans certaines circonstances.

D'après Searle, le langage (parlé ou écrit) joue un rôle particulier dans la mesure où il est essentiellement constitutif de la réalité institutionnelle en général. En outre, et cela nous intéresse au plus haut point, il est déjà un fait institutionnel lui-même. Émettre certains sons ou écrire certaines marques (X) peut être compté comme énoncer une phrase en français (Y). Ce qui tient lieu de signification pour le son « chat », dans la phrase « le chat est sur le tapis » par exemple, est ce qui tient lieu pour le bout de papier de fonction en tant qu'euro, « mais, le son "chat" a une fonction *référentielle* que n'a pas le bout de papier »[1]. Le fait d'attacher un sens, une fonction symbolique à un objet qui n'en a pas intrinsèquement est la condition *sine qua non* du langage (et de toute réalité institutionnelle). Bien qu'il s'agisse dans un cas d'un fait institutionnel économique et dans l'autre d'un fait institutionnel linguistique, la présence de règles constitutives et l'existence d'organismes incarnant cette structure sociale leur est commune[2].

On peut donc définir la fiction comme un fait institutionnel doublement réitéré, c'est-à-dire comme un fait institutionnel créé à partir d'un fait institutionnel réitéré – le fonctionnement symbolique du langage. En effet, pour Searle, nous pouvons imposer des fonctions-statuts à des entités auxquelles on en a déjà imposé. En pareil cas, le terme X situé à un niveau supérieur peut être un terme Y de niveau inférieur. En reprenant l'exemple précédent, les choses se présentent ainsi : l'énoncé « le chat est sur le tapis » exprime la signification que *le chat*

---

1. *Op. cit.*, p. 104.
2. Pour une taxinomie des faits, *op. cit.*, p. 159.

est sur le tapis (X est compté comme Y). Ce sens est considéré à son tour comme faisant référence à un état de choses dans des contextes « normaux » ou usuels – on réitère donc l'imposition institutionnelle en considérant le sens comme un X qui serait alors compté comme un Y se référant au monde. Dans le cas des contextes fictionnels, il faut alors envisager que le fonctionnement ordinaire du langage est un X pour son emploi fictionnel Y.

C'est pourquoi, s'il est juste de défendre avec Searle l'idée que le fonctionnement référentiel de l'assertion est suspendu par des conventions extralinguistiques, il faut également souligner que le texte de fiction dépend des propriétés habituelles du langage – c'est seulement de cette façon que nous pourrons expliquer le sens de tout discours fictionnel ainsi que le fonctionnement des noms propres dans la fiction (voir ci-après)[1].

Pourtant, cette double réitération ne suffit pas à caractériser la fictionalité d'un texte, puisqu'il existe d'autres jeux de langage non référentiels (une leçon de grammaire, un test de micro, etc.). Pour ce faire, il faudrait que les membres d'une société considèrent collectivement certains énoncés comme fictionnels – le problème étant alors d'en expliquer le pourquoi et le comment.

Une remarque de Searle devrait nous aider à sortir de cette impasse : « Les objets sociaux sont toujours, en un sens qu'il nous faudra expliquer, constitués par les actes sociaux ; et, en un sens, *l'objet n'est que la possibilité continue de l'activité.* Un billet de vingt dollars, par exemple, est une possibilité

---

1. On retrouve ici l'idée de G. Frege selon qui, dans la fiction, le sens se présente comme il le fait habituellement, à savoir comme un mode de donation de la référence, en dépit du fait que celle-ci n'existe pas et qu'on le sache. Voir l'article de J. Bouveresse, « Fait, fiction et diction », dans les *Cahiers du Musée national d'art moderne*, 41, 1992.

toujours en attente d'un paiement en échange de quelque chose »[1]. Cette primauté de l'activité provient du fait que les objets sociaux ont été conçus pour servir des fonctions agentives, c'est-à-dire des fonctions que nous ne découvrons pas, qui n'apparaissent pas naturellement, mais qui sont assignées relativement à des intérêts pratiques d'agents conscients.

Par conséquent, c'est bien, en dernier recours, l'activité conjointe des écrivains et des lecteurs qui va donner un contenu à la fictionalité, sa forme étant celle d'un fait institutionnel. Cette activité provient d'un besoin ou d'une envie immémoriaux et universels de raconter et d'écouter des histoires. Nous ne préciserons pourtant pas ici ce point anthropologique. Il nous suffit de reconnaître l'existence d'une telle inclination pour indiquer l'origine de la fictionalité[2].

Autrement dit, nous n'avons pas décidé tous ensemble un beau jour de considérer certains textes comme fictionnels (et d'autres non). La forme prise par l'intentionnalité collective est plutôt celle-ci : nous avons lu (et écrit) certains textes comme des fictions et continuons collectivement à les accepter ainsi, en fonction d'un besoin ou d'une envie.

Notre articulation conceptuelle peut alors momentanément se résumer de la façon suivante : à partir, d'une part, d'un besoin ou d'un désir non analysés de raconter et d'écouter des histoires et, d'autre part, d'une ontologie partagée, naît une

---

1. *Op. cit.*, p. 56.
2. Pour une tentative de caractérisation de la phylogenèse et de l'ontogenèse de la fiction, on peut se reporter, respectivement, aux sections 2 et 3 du chap. III du livre de Schaeffer, *Pourquoi la fiction ?* G. Dickie, défenseur d'une définition institutionnelle de l'art, parle aussi d'un « besoin d'art ressenti par les hommes ». Voir « Définir l'art », dans *Esthétique et poétique*, Paris, Seuil, 1992, p. 19. Ce recours au « besoin » répond à une menace de circularité lorsque des concepts institutionnels sont en jeu. En effet, sans moyen interne, sans essence ou nature de la fiction (de l'art), il faut expliquer sa genèse au-delà de l'institution qui n'est là que pour donner une forme à ce besoin ou à cette envie.

structure institutionnelle complexe, qui sépare les textes en fictionnels et non fictionnels.

L'ONTOLOGIE

Mais que faut-il entendre par ontologie ? Quel rôle ce concept joue-t-il dans la caractérisation de la fictionalité ?

Les énoncés que l'on accepte comme des assertions, c'est-à-dire les énoncés dont la prétention est de dire la vérité (et qui sont parfois faux), dépendent d'une ontologie sous-jacente. Par « ontologie », nous considérons à la fois un domaine d'objets dont l'existence est communément acceptée et un domaine de vérités partagées, ce que l'on entend ordinairement par idéologie. C'est, pour prendre un exemple, parce que l'on a cru à l'existence des anges que des querelles extrêmement vives se sont élevées au Moyen-Âge pour déterminer leur sexe. Quant aux néopositivistes, autres temps autres mœurs, ils furent très sensibles à la profusion ontologique qui régnait dans les textes philosophico-scientifiques de la fin du dix-neuvième et du début du vingtième siècle. C'est pourquoi, reprenant la tripartition des propositions de Ludwig Wittgenstein, ils cherchèrent à éliminer du langage sensé les énoncés métaphysiques [1].

Plus généralement, il est légitime de penser que l'ontologie d'un groupe humain, à un moment précis de son histoire et dans un espace donné, en spécifiant ce qu'elle admet comme entités existantes, va déterminer en conséquence un champ de

---

1. Les pseudo-propositions métaphysiques sont absurdes ou insensées (*unsinnig*), les propositions philosophiques et logiques sont analytiques et, par conséquent, dépourvues de sens (*sinnlos*) et les propositions scientifiques qui nous parlent de la réalité sont de caractère synthétique et parfaitement sensées (*sinnvoll*). Voir son *Tractatus Logico-philosophicus*, 1921-1953, Paris, Gallimard, 1961, notamment 4.003, 4.461 et 5.525.

pratiques linguistiques. Dans ce champ, une place privilégiée
sera accordée aux énoncés assertoriques – aux énoncés qui
nous parlent du monde, qui font référence à ce qui existe et qui
peuvent être, en vertu de leur succès ou de leur échec, vrais ou
faux –, puisque le langage référentiel est nécessaire non seulement pour représenter des faits, échanger des informations à
leur sujet et agir sur la réalité, mais également, comme le souligne Searle, à la constitution de certains faits (institutionnels).

Lorsque l'on aborde la littérature, il est clair que les
histoires mythologiques ou les contes mettent en scène des
êtres qui, selon nous, n'appartiennent pas au « mobilier du
monde ». En effet, ni Zeus, ni les ogres ou les fantômes ne sont
des êtres que nous reconnaissons comme existants. Il en va
de même avec certains événements, comme voler au-dessus
d'une ville ou se transformer en crapaud, et certaines propriétés comme être invisible ou immortel. Mais, nous l'avons
vu, on ne peut identifier le discours fictionnel à ce qui n'existe
pas et le discours référentiel à ce qui existe. En effet, il se peut
non seulement qu'un scientifique prétende à l'existence des
fantômes, voire qu'il en démontre l'existence, mais encore, et
bien souvent, qu'un texte de fiction ait comme protagonistes et
comme cadre de son action des objets ou des lieux réels.

Par conséquent, le fait de partager une certaine ontologie
au sein d'une communauté ne semble pas être à même de
déterminer ce qui est de la fiction et ce qui n'en est pas.
Cependant, comme l'a bien vu Walton, il y a un lien entre eux.
L'ontologie commune crée un espace possible pour raconter
(et écouter) des histoires. Ce n'est pas parce que le Petit
Chaperon Rouge n'existe pas que le conte de Perrault est une
fiction. Mais c'est bien parce que l'ontologie de notre société a
divisé le monde (au moins) en deux que trouve à s'exprimer le

besoin ou l'envie de raconter (et d'écouter) des histoires[1]. En disant cela, je ne préjuge pas de la succession des événements. Il se pourrait que ce soit ce besoin de raconter (et d'écouter) des histoires qui ait présidé ou du moins influencé notre ontologie. Cela dit, si ce *partage ontologique* n'avait pas eu lieu, c'est-à-dire si tout ce que nous pouvions imaginer avait été considéré comme existant, alors il n'y aurait eu, trivialement, aucun lieu envisageable pour raconter (et écouter) des histoires fictionnelles, ni même de possibilité de dire ce qui est le cas, avec plus ou moins de réussite (prédicative).

Non seulement la façon dont nous concevons ce qui existe écarte un certain nombre d'entités (dieux, magiciens, etc.) et, partant, de textes du discours référentiel, mais de plus notre ontologie offre cet espace précieux où raconter (et écouter) des histoires, c'est-à-dire proférer des énoncés de forme assertorique sans prétention à la validité, est possible et légitime. En d'autres termes, notre civilisation octroie une place particulière aux textes que l'on appelle des fictions. Ces textes ne sont pas ceux qui sont faux, mais ceux qui ne jouent pas le jeu du vrai (et du faux), à savoir les textes dont le but ou la visée n'est pas de dire ce qui est le cas de notre monde (du moins pas directement)[2]. Il n'y a pas de corrélation biunivoque possible

---

1. Dans la même veine, D. Lewis écrit : « Une fiction est une histoire racontée par un conteur en une occasion particulière », dans « Truth in Fiction », 1978, *Philosophical Papers*, vol. 1, OUP, 1983, p. 265 ; et Currie : « la fiction émerge [...] avec la pratique de raconter des histoires », *op. cit.*, p. 24.

2. Il y a des philosophes qui conçoivent une vérité métaphorique ou supraphrastique que les textes littéraires seraient les seuls à exemplifier. C'est notamment un des arguments avancés par les défenseurs de l'histoire comme narration. Dans la tradition analytique, nous pouvons citer G. Gabriel qui pense qu'une « œuvre littéraire de fiction peut être vraie, même si elle ne contient pas d'énoncés vrais. Leurs vérités sont des vérités qui ne sont pas *dites* mais *montrées* par le texte » ; voir « Fiction – a Semantic Approach », *Poetics*, VIII, 1/2, 1979, p. 254. Concernant les « différentes conceptions de la vérité dans l'œuvre d'art » (fidélité, cohérence, efficacité, etc.), on se reportera avec profit

(référentielle) entre un énoncé ou groupe d'énoncés littéraires et le monde.

Ainsi, l'ontologie partagée au sein d'une société est un facteur déterminant pour classer les textes dans la catégorie de la fiction ou de la non-fiction. Pour un même ouvrage (un récit mythologique par exemple), certaines sociétés choisiront de le considérer comme une fiction, alors que d'autres en feront un texte référentiel[1]. Cela s'explique par la relativité historique et géographique de l'ontologie. La représentation collective de celle-ci préfigure le rôle institutionnel de tous les acteurs sociaux en jeu (auteur, lecteur, éditeur). Comme l'écrit Schaeffer, « la feintise qui préside à l'institution de la fiction publique ne doit pas seulement être ludique, mais encore partagée »[2]. Mais quelle que soit l'interprétation que l'on donne d'un texte, celui-ci ne pourra être fictionnel que s'il raconte une histoire sans prétendre à la validité. C'est en ce sens que l'ontologie est absolue, dans la mesure où, même si son interprétation varie, elle partage toujours le monde en ce qui existe et ce qui n'existe pas.

En résumé, nous avons vu que la classe des textes dont la prétention n'est pas de dire (directement) ce qui est le cas, mais de raconter (et d'écouter) des histoires, dépend largement de l'ontologie acceptée par la société en question. Nous pensons

---

à l'article du même nom écrit par R. Ingarden en 1946, dans la *Revue d'esthétique*, II, 1949.

1. Genette parle à propos de notre usage de la mythologie « d'état involontaire de la fiction », *op. cit.*, p. 60.

2. Il continue ainsi : « Car le statut ludique relève uniquement de l'intention de celui qui feint : pour que le dispositif fictionnel puisse se mettre en place, cette intention doit donner lieu à un accord intersubjectif », *op. cit.*, p. 147. Le problème est qu'il ne s'agit justement pas d'un accord intersubjectif explicite – l'ontologie explique ce partage silencieux. Quant à Pavel, il écrit : « L'adhésion à la fiction est libre et clairement limitée du point de vue spatial et temporel », *op. cit.*, p. 81.

que c'est parce que nous partageons une conception scientifique du monde qui laisse une place à des pseudo-assertions, à
des affirmations en quelque sorte désamorcées, que nous
considérons les textes mythologiques voire religieux comme
de la fiction. Mais, et c'est un point important, il n'y a pas dans
l'ontologie ou le partage ontologique un élément positif ou
plus spécifique qui permette d'expliquer la fiction. Autrement
dit, l'ontologie partagée ne fait que créer l'espace nécessaire
au discours fictionnel.

L'INSTITUTION 2

Il nous faut maintenant revenir sur le rôle des différents
« acteurs sociaux » dans cette configuration ontologique,
notamment celui de l'auteur et du lecteur[1]. En tant que
membres de leur société, ils partagent, par définition, l'ontologie de leurs contemporains. En tant qu'individus, seuls ou
associés à d'autres, chacun d'entre eux possède un certain
pouvoir d'infléchir la représentation dominante ou, du moins,
de ne pas s'y conformer.

Tout écrivain émerge à un moment historique donné dans
lequel préexiste une ontologie. Comme ses contemporains,
l'auteur a acquis, dès son plus jeune âge, une certaine compréhension du monde et de la façon dont sa société le représente.
Aujourd'hui, par exemple, il entrerait avec sa production dans
une longue histoire qui est celle de la littérature. Il sait que
sa communauté a pris pour habitude de distinguer entre les
romans, les nouvelles ou les pièces de théâtre, d'une part, et les
biographies, les livres d'histoire ou les manuels de physique,
de l'autre. Lorsqu'il écrit un texte, il comprend où il doit
l'adresser. Il conviendra probablement aussi qu'il y a des

---

1. L'éditeur n'étant, en la circonstance, qu'un lecteur particulier.

genres de textes plus difficiles à classer que d'autres : le roman
historique, le Nouveau Journalisme ou l'autobiographie en
sont des exemples. Son intention en tant que producteur
de texte paraît donc compter. S'il décide d'écrire un récit
fictionnel, cette intention est la cause, en un certain sens, de la
fictionalité de son texte – elle semble en déterminer le statut.
Néanmoins, il se pourrait que l'auteur que nous considérons
soit « délirant » et prétende écrire une fiction alors, qu'en fait,
pour la société dans laquelle il habite, il écrirait une non-
fiction (ou vice-versa). Son intention est alors subordonnée à
son assimilation de l'ontologie propre à la société dans
laquelle il vit.

Même si l'auteur délirant précité trouvait un éditeur pour
publier de nouvelles aventures des dieux grecs ou des élucu-
brations astrologiques dans une collection scientifique, le
public de la société en question considérerait, dans sa majorité,
ces textes comme de la fiction (ou du mensonge). En effet, en
tant que membre de cette communauté, le lecteur en partage
également les valeurs. Sa lecture est donc balisée par des
conventions externes, mais aussi internes aux textes. Pourtant,
nous pourrions imaginer, comme pour l'écrivain, un lecteur
délirant, c'est-à-dire un lecteur qui aurait perdu toute mesure
(pour la société dans laquelle il vit) et qui accorderait un
certain crédit aux intentions de son auteur favori. Sans entrer
dans un débat sur la normalité, il serait logique de refuser à cet
élément déviant la capacité de transformer nos habitudes de
lecture. Il pourrait tout au plus s'assembler avec d'autres
lecteurs délirants et former une « secte », autrement dit une
collectivité de perspectives représentationnelles non dominante dans la société en question (et attendre patiemment son
heure).

Bon nombre d'ontologies sont imaginables et des
conceptions diverses de ce qui existait (et de ce qui n'existait

pas) se sont succédées (voire opposées) et cohabitent encore –
que ce soit le laïcisme et le fanatisme religieux ou que ce soit la
parcimonie quinienne et la profusion ontologique défendue
par Terence Parsons, par exemple. Chacune de ces façons de
voir paraît légitime pour déterminer quels textes sont fictionnels et quels textes ne le sont pas, au point que l'ontologie
postmoderne d'un Richard Rorty va jusqu'à interdire toute
distinction de ce type[1]. Cependant nous pensons qu'il y a une
manière d'effectuer cette différenciation moins contestable
que les autres, en ce qu'elle fait appel à nos connaissances
scientifiques les plus récentes (testées empiriquement). Nous
partageons donc l'idée de Searle pour qui la « majeure partie
de notre métaphysique est dérivée de la physique (ainsi que
des autres sciences de la nature) »[2].

Pour conclure sur ce point, il nous faut indiquer en quoi la
fiction est un phénomène social. D'après Searle, un fait social
est un fait qui implique une intentionnalité collective[3]. Ainsi,
se promener ensemble constitue un fait social. Les faits
institutionnels sont un sous-ensemble des faits sociaux. Pour
ce qui nous concerne, cela signifie simplement que ce qui est
de la fiction (ou que nous considérons comme de la fiction)
dépend absolument d'une institution (ou groupe d'institutions), et que ce que l'institution considère comme de la fiction
est tributaire à son tour, de façon absolue, d'une ontologie
sous-jacente, qui, comme toute ontologie, est généralement
partagée par les membres de la communauté en question. Cette

1. Voir son « Existe-t-il un problème du discours de fiction ? », 1981, dans
Conséquences du pragmatisme, Paris, Seuil, 1993.

2. *Op. cit.*, p. 19. Il n'en reste pas moins que l'ontologie et l'épistémologie
doivent être distinguées. Autrement dit, notre relation cognitive et empirique au
monde (épistémique) n'est qu'un outil imparfait, asymptotique, pour s'appro-
cher de ce qui existe (ontologie).

3. Pour plus de précisions, *op. cit.*, p. 43-44.

conception commune du règne de ce qui existe étant d'ailleurs un des facteurs centraux de la cohésion sociale.

Autrement dit, toute conception du monde, en séparant ce qui existe de ce qui n'existe pas, donne la possibilité à ce besoin ou à cette envie de raconter des histoires de se manifester institutionnellement, *i.e.* comme un fait institutionnel réitéré, dans le cadre de structures plus ou moins étatiques : les imprimeurs, les éditeurs, les diffuseurs, les libraires, mais aussi les aides à la création, sous forme de bourses, de résidences, de prix, etc.

Cela dit, nous ne pensons pas qu'il faille réduire les faits sociaux à l'ontologie. Le champ du social va bien évidemment au-delà d'une représentation commune des entités existantes, de la façon dont fonctionne notre langage et dont se classent les textes, notamment en fiction et non-fiction. Mais c'est ce tissu où les acteurs se regroupent autour d'une ontologie, sans que l'on puisse expliquer à l'aide d'un facteur unique ce qu'est la fiction, qui nous fait dire qu'elle est sociale.

ÊTRE ET PARAÎTRE FICTIONNEL
(RETOUR À CURRIE)

D'après Currie, nous l'avons vu, à ne pas distinguer la nature d'un texte de sa réception, on risque de devoir considérer n'importe quel ouvrage référentiel comme de la fiction. Mais, reprenant un exemple similaire à celui de la Bible, qu'il cite, il me semble que l'on a beau jeu de réfuter son point de vue. En effet, comme l'a montré Paul Veyne, les anciens Grecs croyaient d'une certaine façon à leurs dieux et à leurs aventures racontées par les mythes[1]. Actuellement, nous ne

---

1. « Ces mondes de légende [Légende dorée] étaient crus vrais, en ce sens qu'on n'en doutait pas, mais on n'y croyait pas comme on croit aux réalités qui

croyons plus à ces histoires et nous les considérons comme des fictions. À partir de là, deux positions apparaissent possibles. Soit l'on considère que ces mythes sont de la non-fiction, tout en concédant que ce sont des pseudo-fictions, c'est la position de Currie[1], soit l'on admet que le même texte a changé de statut. Y a-t-il un moyen de trancher cette alternative ? On peut indiquer que la façon habituelle de parler va dans le sens de la seconde hypothèse. Si Currie défend une idée curieuse (fiction *vs* pseudo-fiction), c'est parce qu'il a postulé le caractère intentionnel du statut de la fiction. Mais l'option qui lui est opposée semble également présupposer une conception de la fiction, à savoir le fait que celle-ci serait relative à une communauté.

Le problème n'est pas aussi anodin qu'il en a l'air et Currie paraît également embarrassé lorsqu'il écrit : « on dira peut-être que c'est faire une pétition de principe, puisqu'il reste la possibilité que ce que j'appelle pseudo-fiction est ce que la plupart des gens appellent fiction. Dans ce cas, ma définition de "fiction" ne serait pas une explication du concept intuitif de fiction, mais une tentative conduite par une théorie de mettre quelque chose d'autre à la place »[2].

Nous avons vu qu'il souhaite éviter que le statut d'un texte puisse dépendre de sa réception. Si l'on se place d'un point de vue individuel, il est indéniable que Currie a raison. Ce n'est

nous entourent [...]. Il en était de même des mythes grecs; ils se passaient "avant", durant les générations héroïques, où les dieux se mêlaient encore aux humains. Le temps et l'espace de la mythologie étaient secrètement hétérogènes aux nôtres; un Grec plaçait les dieux "au ciel", mais il aurait été stupéfait de les apercevoir dans le ciel », *Les Grecs ont-ils crus à leurs mythes*, Paris, Seuil, 1983, p. 28-29.

1. C'est également le point de vue de Schaeffer : « Il faut distinguer entre le fait que nous les [mythes] abordons comme des fictions et la prétention que nous pourrions avoir de les définir comme telles », *op. cit.*, p. 151.

2. *Op. cit.*, p. 37.

pas parce qu'un lecteur ou un groupe de lecteurs irrationnels décident de lire un texte référentiel comme un texte fictionnel qu'il va devenir fictionnel. Mais si l'on observe les choses globalement, à l'échelle d'une société, cette distinction ne paraît plus avoir de raison d'être. Le caractère social de la fiction ne rend pas possible une séparation entre apparence (de fiction) et essence (de fiction). Les Grecs de l'Antiquité n'avaient littéralement pas les moyens de mettre en doute leurs mythes. Les histoires qu'ils racontaient, les personnages qu'ils présentaient appartenaient à leur vision du monde (ontologie).

Cette distinction entre être et paraître fictionnel semble néanmoins nécessaire, affirme Currie, car quiconque accepte de dire d'un texte qu'il était généralement et faussement considéré comme de la fiction, jusqu'au moment où sa référentialité fut avérée, doit nécessairement faire une distinction entre ce qui est de la fiction et ce qui est considéré comme de la fiction. Mais cela n'implique pas tant la nécessité de distinguer entre l'intention originale de l'auteur et la réception de son texte que la possibilité, pour des raisons épistémiques, que la réception d'une œuvre et, partant, sa classification soient faussées – selon les critères même des membres de la société en question. En d'autres termes, une communauté partageant une certaine ontologie pourrait devoir croire en vertu de ses propres critères qu'un texte est de la non-fiction et cependant le considérer comme un texte de fiction ou l'inverse.

En 1953, l'écrivain Jean Giono fut invité par le magazine *Reader's Digest* à répondre à la question : « Quel est le personnage le plus extraordinaire que vous ayez jamais rencontré ? ». Il inventa un texte qui les enchanta [1]. Mais quelques mois plus tard, les journalistes lui écrivirent une lettre indignée – ils attendaient un témoignage. Dans cet exemple, il est clair que le texte ne se distingue pas de lui-même comme une fiction. Et il

---

1. *L'homme qui plantait des arbres*, 1953, Paris, Gallimard, 1983.

aurait été possible que tous ses lecteurs (et pas uniquement le comité du *Reader's Digest*) le considèrent comme autobiographique. Mais si nous le classons comme de la fiction, ce n'est pas parce que l'auteur nous dit que c'est de la fiction, c'est parce qu'il nous dit qu'il a inventé cette histoire – ce qui a des conséquences sur le rapport des énoncés du texte au monde – ou parce qu'en interrogeant les paysans de Provence, on s'aperçoit qu'il n'y a jamais eu d'arbres plantés là où on nous dit qu'ils le furent, etc.

En résumé, si nous acceptons une distinction entre ce qui est de la fiction et ce qui paraît de la fiction, ce n'est pas au niveau de ce qui fait qu'un texte est fictionnel (ou non), ce n'est pas au niveau de la définition de la fictionalité (ensemble), mais au niveau de la classification d'un texte dans l'une ou l'autre des catégories (élément). Si l'auteur nous ment en nous faisant croire qu'un texte est référentiel, ce qu'il nous dissimule ce n'est pas la catégorie dans laquelle nous devons le classer, mais il occulte notre capacité à juger. Notre critère de fictionalité restera le même. Nous n'aurons simplement pas eu les moyens qu'il nous fallait pour classer le texte en question dans le bon ensemble.

Mais quel est l'enjeu du débat? Pourquoi Currie craint-il de présumer la question résolue? Pourquoi notre propre point de vue paraît-il circulaire ou pour le moins complexe? C'est d'abord parce que la fiction est difficilement identifiable, elle ne paraît pas telle quelle dans la nature. En observant le monde, on trouvera des cailloux, des arbres, de l'eau, des taches d'encre ou des marques sur du papier, mais pas de littérature ni même de fictions. La fiction n'est pas une espèce naturelle, mais un fait institutionnel et les faits institutionnels, contrairement aux faits bruts, ne peuvent exister qu'à l'intérieur des institutions humaines.

De plus, dans la fiction, comme pour tout fait institutionnel, il est difficile de déterminer la façon dont les règles constitutives de cette institution jouent un rôle dans nos relations à
celles-ci. Searle a consacré plusieurs pages intéressantes à
ce sujet et la conclusion à laquelle il arrive est la suivante :
les règles institutionnelles n'exercent pas un pouvoir causal
direct. En d'autres termes, une personne n'a pas à connaître les
règles de l'institution ni à les suivre pour s'y conformer. En
apprenant à se débrouiller avec la réalité sociale, nous acqué-
rons un ensemble d'aptitudes cognitives qui sont sensibles à
une structure intentionnelle, sans nécessairement contenir une
représentation des règles de ces institutions [1].

MIMESIS ET FAIRE-SEMBLANT
(RETOUR À WALTON)

Bien que Walton analyse l'œuvre de fiction comme la
résultante d'une composante absolue et d'une composante
relative, et qu'il partage avec le point de vue institutionnel une
conception non intentionnelle de la fiction, dans laquelle le
lecteur et sa société jouent un rôle privilégié, il faut maintenant
préciser en quoi consistent nos divergences.

D'après lui, il existe un critère absolu déterminant ce
qu'est une œuvre de fiction, c'est toute œuvre qui a la fonction
de servir de support (à l'imagination) dans des jeux de faire-
semblant. Si les fonctions sont relatives aux sociétés, c'est en
tant que fonctions attribuées (ou non) à une œuvre. Au cin-
quième siècle avant J.-C., le mythe d'Orphée n'avait pas pour
fonction d'être un support pour un jeu de faire-semblant, alors
qu'au début du troisième millénaire, il l'a. Ce qui constitue le
cœur de sa théorie n'est donc pas le fait qu'une société

---

1. *Op. cit.*, p. 179-192.

reconnaisse ou non une œuvre comme de la fiction, mais le fait que la fiction se définisse nécessairement par la notion de jeu de faire-semblant.

Le problème, c'est que le concept de faire-semblant ne paraît pas devoir déterminer ce qui constitue la fiction. C'est ce que nous allons tâcher de montrer, en critiquant la notion de participation imaginative qui lui est étroitement associée.

Walton, nous l'avons vu, est convaincu que notre expérience intérieure sous-tend la fascination et le pouvoir que les représentations exercent sur nous et que toute appréciation nécessite notre participation. Ainsi, selon lui, en regardant une peinture représentant des bateaux, on s'imagine « plus ou moins automatiquement » soi-même en train de regarder des bateaux. Le sujet est alors un support réflexif dans ce jeu, il génère des vérités fictionnelles le concernant. Cette sorte de disposition manifeste la reconnaissance implicite d'un principe de faire-semblant, écrit Walton. Le spectateur qui profère l'assertion « c'est un bateau » rend fictionnel qu'il se réfère à quelque chose qu'il feint d'être un bateau – feindre dans ce sens étant participer verbalement à un jeu de faire-semblant.

Bien que Walton distingue celui qui participe aux jeux de faire-semblant du simple spectateur, il se refuse à plusieurs reprises dans son ouvrage à séparer l'appréciation de la critique. En fait, selon lui, on peut difficilement faire l'un sans l'autre. Même lors d'une « lecture » distanciée, Walton croit que la pensée de l'usage de l'œuvre en tant que support dans un jeu de faire-semblant est essentielle à notre expérience et que le critique ne peut aller très loin dans la description théorique de l'œuvre sans avoir préalablement participé au jeu de faire-semblant qu'elle sous-tend[1].

On peut penser, au contraire, que c'est le support lui-même, l'œuvre, qui fait l'objet de notre commerce avec la

---

1. *Op. cit.*, p. 274 *sq.* et p. 394.

fiction, et non pas les jeux auxquels il permettrait de jouer. En effet, en lisant de la littérature, on n'a pas le sentiment de participer à des jeux de faire-semblant[1]. On ne prend pas les mots d'une histoire pour jouer à quoi que ce soit, même s'il arrive parfois que l'on se mette à la place du héros ou que l'on imagine les actes qu'il est en train d'accomplir. C'est pour cette raison que l'entrée dans la fiction par les jeux de faire-semblant des enfants ne semble pas appropriée.

La notion d'imagination et le rôle que Walton lui fait jouer sont également contestables. Elle est trop imprécise et subjective pour qu'elle soit d'une quelconque utilité afin de clarifier la situation[2]. Quand des enfants jouent avec du sable et disent qu'ils font des gâteaux, ils n'imaginent pas faire des gâteaux réels dans un four réel, mais ils utilisent (citent ou empruntent) une pratique réelle, faire des gâteaux et les mettre au four, pour faire réellement un jeu de faire-semblant avec du sable et un trou. Faire semblant ne peut alors pas être identifié à imaginer. Je peux faire semblant de prendre une souche pour un ours sans l'imaginer. Ces exemples diffèrent de celui du rêve éveillé où un philosophe, par exemple, imagine être un millionnaire entouré de jolies femmes.

Si la notion d'imagination n'est pas nécessaire à l'explication des jeux de faire-semblant, que dire de l'idée selon laquelle toute imagination et, partant, toute fiction impliqueraient une imagination relative à soi – la plupart du temps de l'intérieur, à la première personne? Aucun argument dans le texte de Walton ne soutient son assertion et il paraît très

1. C'est également le point de vue d'A. Pettersson: «On Walton and Currie's Analyses of Literary Fiction», *Philosophy and Litterature*, 1993, p. 85.

2. Walton admet qu'il est incapable de la définir. Il faudrait alors se convaincre avec lui que la «compréhension intuitive de ce que c'est qu'imaginer, affinée quelque peu par les observations de ce chapitre, nous est suffisante pour avancer dans notre investigation», *op. cit.*, p. 19.

curieux de penser en ces termes, qui plus est quand, comme lui, on a soigneusement distingué le monde de l'œuvre de celui de son lecteur ou spectateur. En outre, peut-on encore qualifier, comme le fait Walton, l'indéniable conscience de ce que l'on imagine d'«imagination autoréférentielle minimale» sans réviser drastiquement ce que l'on entend habituellement par «être impliqué»? Enfin, si l'on suit Walton, comment pourrais-je imaginer que «j'étais Brigitte Bardot et que je me suis embrassé»[1]? Autrement dit, il n'y a aucune raison de penser que lorsque nous imaginons quelque chose nous fassions partie de ce que nous imaginons.

Cela dit, il est vrai que les enfants sont impliqués de façon personnelle dans les jeux auxquels ils jouent et que pour eux cette participation à un jeu en est l'élément déterminant – il est donc temps de mieux distinguer leurs pratiques de celles que nous entretenons avec la fiction.

Pour ce qui concerne la fiction, lire *Madame Bovary*, par exemple, n'implique pas que j'imagine qu'il y a quelqu'un qui s'appelle Madame Bovary, ni lire «Emma épousa Charles» n'implique que j'imagine qu'Emma épousa Charles. S'il est vrai, comme le dit Walton, qu'avec les poupées nous ne sommes pas intéressés aux poupées en elles-mêmes, mais aux jeux que l'on peut jouer avec leur aide, aux vérités fictionnelles générées par ces poupées, il en va tout autrement avec les œuvres d'art. Sinon, toute peinture de bateau ou toute histoire d'amour serait équivalente en ce qu'elle fournirait un support identique à l'imagination. En effet, avec nombre de bateaux, on peut traverser la mer, être pris dans une tempête, échouer sur une île déserte, etc. Mais les bateaux du Canaletto ne sont pas ceux de Manet et les histoires de Defoe ne sont pas

---

1. C'est un exemple de J. McCawley analysé par G. Lakoff dans «Linguistics and Natural Logic», *Semantics of Natural Language*, D. Davidson, G. Harmann (eds.), Dordrecht, Reidel, 1972, p. 545-665.

celles de Stevenson. Ce qui fait que chacune d'elle est unique, en tant qu'œuvre, ce n'est pas le jeu auquel elle nous permettrait de jouer, mais bien la façon dont sont représentés ces bateaux, écrites ces histoires. Un roman n'est pas fonctionnellement le support d'une activité autre que la lecture, et même s'il est générateur de vérités fictionnelles, celles-ci ne sont pas l'objet central de notre attention et elles existent indépendamment de ce qui est imaginé. Autrement dit, on ne lit pas *Madame Bovary* pour se procurer un support imaginatif ou un stock de vérités fictionnelles (ce serait alors plutôt lire comme Madame Bovary), on lit *Madame Bovary* pour le lire ou, tout simplement, on lit *Madame Bovary*... Enfin, comme le signale Christopher New [1], en s'en tenant à la définition de Walton, n'importe quel compte rendu journalistique pourrait être considéré comme de la fiction dans la mesure où il pourrait susciter notre imagination.

Il existe une autre façon, non participative, d'envisager la fiction. Le passage entre la lecture de la phrase « Les lueurs se sont multipliées » dans le roman de M. Butor et sa compréhension n'a rien de mystérieux. On ne fait pas semblant de lire cette phrase. On la lit. On ne fait pas semblant de la comprendre. On la comprend. On ne feint pas non plus de croire qu'elle se réfère à quelque chose. On sait qu'elle a été inventée pour composer un roman par Butor. Autrement dit, cette phrase a un sens (frégéen) et pas de référence.

Lire de la fiction, c'est uniquement comprendre ce qui est écrit, par exemple le fait que Emma et Charles se sont mariés, sur le mode hypothétique, c'est-à-dire saisir qu'ils se sont mariés et savoir que ceci n'est pas vrai, que cet énoncé n'est pas affirmé comme on affirme une vérité scientifique – mais ce n'est en aucune façon jouer. C'est une autre façon de se

---

1. « Walton on Imagination, Belief and Fiction », *British Journal of Aesthetics*, vol. 36, 2, avril 1996, p. 164.

divertir ou de s'instruire, une autre modalité de comportement humain. Comprendre une histoire ne mobilise aucune compétence de faire-semblant. Il ne faut pas faire semblant de prendre un énoncé pour quelque chose d'autre, ni même instituer un jeu à partir de cet énoncé. Il s'agit de comprendre ce que les marques représentent comme objets ou actions dans l'œuvre en question. Et cela non pas afin de jouer au mariage (ce qui n'a aucun sens), ni même afin d'énoncer des vérités fictionnelles, mais pour nous permettre d'en apprécier le déroulement et, le cas échéant, d'opérer des rapprochements entre les différentes composantes de ce roman, en vue de dégager un style, des thèmes ou un sujet de réflexion.

Reste à expliquer le fait que si, comme Walton le pense, les jeux de faire-semblant sont très importants pour les enfants, alors on ne comprendrait pas qu'ils disparaissent, à l'âge adulte, comme semble le suggérer ce qui précède. Il existe pourtant d'autres liens entre les jeux des enfants et les pratiques artistiques. Les « bénéfices » qu'elles procurent (ouverture de possibles, constitution du sujet, socialisation, etc.) et leur « gratuité » établissent notamment la continuité de ces deux types d'activité. En outre, il est une autre pratique qui remplace plus largement le jeu à l'âge adulte, c'est le travail. Non pas dans la fonction de faire-semblant que lui attribue Walton, mais dans le temps et l'investissement projectif et créatif qu'il peut impliquer.

LE CHAMP D'APPLICATION DE LA DISTINCTION
FICTION/NON-FICTION

Pour Searle, nous l'avons vu, l'auteur d'une œuvre de fiction feint d'énoncer une série d'actes illocutoires, normalement de type assertif. Le jeu de langage fictionnel « parasite » les jeux de langage illocutoires. Comme le fait remarquer Walton, une telle conception limiterait la portée de la fiction à la littérature, puisqu'il n'y a pas d'usage sérieux possible de la peinture ou de la sculpture – «toute fiction n'est pas linguistique». Jusqu'ici nous avons plutôt partagé ce présupposé. Il faut maintenant examiner en détail quels sont les pratiques, les disciplines ou les arts auxquels s'appliquerait la distinction fiction/non-fiction.

Commençons par rappeler les points de vue de Walton et de Currie concernant la fictionalité des arts visuels. Nous avons vu que pour Walton, une représentation est une œuvre dont la fonction est d'être le support dans un jeu de faire-semblant. Par conséquent, il ne peut pas y avoir d'image non fictionnelle. «Les images sont des fictions par définition», écrit-il[1], dans la mesure où le fait d'utiliser les images dans des jeux visuels précède la possession d'un contenu sémantique. C'est en utilisant une image dans un jeu que nous établissons quelle information elle contient. Lorsque nous voyons une image comme un cerf ou un cerf en elle, donc quand nous imaginons voir un cerf, alors nous la reconnaissons comme représentant un cerf et comme rendant fictionnelle la proposition qu'un cerf bondit sur l'herbe. «Lire» une image sans s'engager dans le faire-semblant, en relevant simplement ses couleurs et ses formes, est quelque chose de difficile. Le cas des arts visuels se distingue donc de celui de la littérature et des mots pour Walton – les mots pouvant informer sans faire-semblant. Lorsque je lis *Madame Bovary*, bien que je puisse imaginer voir Emma, je n'imagine pas mon acte perceptuel de lecture comme une perception d'Emma.

Currie, quant à lui, explique également le caractère fictionnel des œuvres d'art visuelles en termes de faire-semblant. En revanche, selon lui, il exsite des peintures, des sculptures et des

1. *Op. cit.*, p. 351.

photographies fictionnelles et d'autres non fictionnelles. Ce qui rend un tableau fictionnel, c'est le fait que l'artiste a l'intention que son public fasse semblant de croire au contenu de ce qui est représenté. Au contraire, dans le portrait du Duc de Wellington peint par Goya, on perçoit, en plus des qualités esthétiques du tableau, une intention assertive : « Goya dit, c'est ainsi qu'est le duc »[1]. En outre, Currie ne définit pas leur caractère représentationnel de la même façon que Walton. Selon lui, nous l'avons vu, notre reconnaissance du duc (ou au moins d'un personnage en habits militaires) précède notre emploi dans un jeu de faire-semblant. L'idée de faire-semblant n'explique donc pas l'idée de représentation dans les arts visuels, car la notion de faire-semblant présuppose celle de représentation. La fictionalité d'une œuvre visuelle doit alors être abordée comme celle d'un texte : nous faisons semblant, dans les deux cas, que l'auteur fictionnel nous présente des informations qu'il sait être vraies. La différence entre les fictions visuelles et non visuelles réside uniquement dans la façon dont cela nous est raconté.

Cependant, nous avons vu que la fictionalité (ou non-fictionalité) d'une œuvre d'art n'est pas tributaire d'un jeu de faire-semblant. Dans cette optique, un texte, un film, une peinture, une photographie, une sculpture, une danse et une musique peuvent-ils, chacun au même titre, être considérés comme fictionnels ?

Avant d'y répondre, j'aimerais défendre l'idée que la fictionalité n'a de sens que s'il y a possibilité de référentialité (non-fictionalité). Autrement dit, sur le modèle du principe de négation signifiante employé par Wittgenstein, la peinture, par exemple, ne peut être fictionnelle que si elle peut être réfé-

---

1. Currie, *op. cit.*, p. 40.

rentielle [1]. C'est une opposition qui va de pair. La raison en est toute simple, si ce qui précède est vrai. En effet, nous avons vu qu'il se pouvait qu'au cours du temps un texte change de statut ou que l'on se trompe lorsqu'il s'agit d'en déterminer la nature et de le classifier. Ce serait impossible si le champ des textes en question n'était pas totalement couvert pas la distinction fiction et non-fiction. Il n'y a aucune raison de penser qu'il n'en aille pas de même pour les œuvres visuelles et qu'un film, par exemple, ne puisse pas être injustement considéré comme une fiction parce que nos moyens d'en juger seraient amoindris.

Cela dit, si l'on considère les différents domaines évoqués, un texte peut être fictionnel (non fictionnel), c'est même le seul cas que nous ayons sérieusement considéré jusqu'ici.

Un film peut également être fictionnel. Mais si ce qui nous est raconté est fidèle à la réalité et concerne une personne, un lieu ou un événement réel, il s'agit alors d'un documentaire (non fictionnel) [2].

Une peinture ne peut pas être fictionnelle, ni non fictionnelle d'ailleurs. Par contre, on distinguera une peinture figurative d'une peinture abstraite, avec toutes les nuances que le continuum permet. Au sein de la peinture figurative, on peut

---

1. Ce principe, implicite, selon lequel pour qu'un énoncé ait un sens il faut que sa négation en ait un occupe une place centrale dans la philosophie de Wittgenstein. Il l'applique à tout ce qui constitue l'essence ou la forme du monde (à l'idéalisme, au scepticisme, au solipsisme, au « je », à la douleur, etc.). En voici un bon exemple : « Nous sommes tentés de dire : seule l'expérience du moment présent a de la réalité. Et voilà la première réponse à faire : en opposition à quoi ? », *Remarques philosophiques*, 1964, Paris, Gallimard, 1975, § 54.

2. Un documentaire-fiction sera référentiel, même si le fait de donner à interpréter une personne par un acteur peut avoir une importance esthétique et psychologique. Un peu comme une biographie textuelle dans laquelle les choix lexicaux, syntaxiques, la sélection des épisodes narrés, voire les suppositions qui y sont faites ne dévoient pas le but principal du texte, à savoir rendre compte de la vie d'une personne.

également différencier les peintures avec des personnages ou des lieux *immigrants*[1], la contrepartie d'êtres ou de lieux réels, comme *L'incendie du parlement* de Londres peint par Turner, de celles qui ne paraissent pas devoir emprunter leur sujet à la réalité – peut-être *Le philosophe en méditation* de Rembrandt. La photographie n'entre pas non plus dans la catégorisation fiction/non-fiction. On dira d'une photographie qu'elle a été composée ou truquée (par exemple, certaines photographies de la période stalinienne effaçant Trotski). Mais il n'y a aucun sens à prétendre qu'elle serait référentielle (ou fictionnelle).

Quant à la sculpture, la danse et la musique, il semblerait que la fictionalité ne puisse leur être attribuée.

Mais pour quelles raisons ? Au-delà de ce catalogue plus ou moins exhaustif, est-il possible de donner un critère discriminant le champ de la fiction ? Une première hypothèse consiste à soutenir que seul un ensemble de phrases ou d'assertions serait fictionnel ou non fictionnel. Ainsi, c'est parce que les portraits picturaux ou photographiques ne disent rien, ne prétendent pas qu'il y a là un homme ou une femme, qu'ils ne seraient pas de la fiction. Il est en effet difficile de soutenir, comme le fait Currie, qu'il y aurait une intention assertive dans un tableau. On serait bien en peine d'en préciser le contenu de façon univoque. Cependant on s'aperçoit vite que ce critère est insuffisant : le cinéma n'asserte rien et il est indéniable qu'il y a des films fictionnels et des films non fictionnels.

Alors, il se peut que ce ne soit pas l'assertabilité qui détermine le champ de la fictionalité, mais plutôt *la discursi-*

---

1. T. Parsons oppose les personnages « immigrants » aux personnages « natifs », dont l'origine est dans une histoire. Ainsi, dans *Guerre et paix* de L. Tolstoï, Napoléon est un personnage immigrant ou importé, alors que Natacha Rostov et le prince André Bolkonski en sont les personnages natifs ou créés. Voir *Nonexistent Objects*, New Haven, Yale University Press, 1980, p. 51-52.

vité d'un moyen artistique. Peut être fictionnel (ou non fictionnel) tout ce qui s'apparente à un discours, c'est-à-dire à un
« objet » (intentionnel ou non) qui dirait quelque chose. Plus
précisément, un discours est une unité constituée par une suite
formant un message ayant un commencement et une clôture.
Si ce critère est pertinent, comme nous le pensons, il doit être
en mesure d'expliquer la raison pour laquelle seuls les textes et
le cinéma peuvent être fictionnels (ou non fictionnels). Effectivement, un roman ou un article de journal disent quelque
chose, alors que seul le premier est fictionnel. Pour ce qui
concerne le cinéma, son caractère temporel, à savoir la succession des images et de plans organisés pour nous montrer
quelque chose, l'apparente à un discours. Ainsi, dans la plupart
des films, il y a un fil narratif à suivre.

C'est pourquoi, si l'on peut retirer d'un film ou d'un livre
de science-fiction l'information fictionnelle que des extra-
terrestres ont attaqué la Terre, il n'y a aucun sens défini attaché
à la photographie ou à la peinture d'un extraterrestre, hors d'un
contexte pragmatique de témoignage d'une rencontre du
troisième type, comme pièce à conviction accompagnant un
discours, par exemple. Mais dans une situation pareille,
il s'agit d'un indice ou d'une preuve attestant de l'existence
d'un objet et en aucun cas d'une référence faite à cet objet[1].
L'absence de toute succession temporelle et de toute structure
spatiale multiple interdit d'y voir un quelconque acte de langage (affirmation, supposition, narration, etc.) ou le déroulement d'un discours. En effet, autant à partir de *La guerre des
mondes* de Herbert G. Wells, pour prendre un exemple para-

---

1. La référence est réservée aux expressions linguistiques. Il y a cependant
d'autres relations représentationnelles entre une image ou un groupe d'images
et le monde. Sur les différentes relations non référentielles possibles entre une
œuvre de fiction et le monde, voir P. Lamarque et S.H. Olsen, *Truth, Fiction and
Litterature*, Oxford, Clarendon Press, 1994, chapitre 5.

digmatique d'invasion, comme dans n'importe quelle adapta-
tion de ce roman, nous pourrons retracer le mouvement des
Martiens depuis leur arrivée sur la Terre, jusqu'à leur dispari-
tion, c'est-à-dire en raconter l'histoire, autant à partir de la
peinture d'un Martien nous ne pourrons pas le faire, car elle
ne dit rien. Certes, elle montre quelque chose, mais nous ne
pouvons le rattacher à aucun discours – référentiel ou fictionnel –, à aucun moment d'aucune histoire. Et si nous franchis-
sions le pas, nous ne ferions, parlant du tableau, que construire
des hypothèses insensées, du type : ceci est un autoportrait,
ceci est un extraterrestre découvert par le peintre dans son
jardin, ceci est un Martien de l'histoire de Wells à l'instant où
il sort de son vaisseau spatial ou alors au moment où il attaque
Londres avec ses congénères, etc.

L'absence de discursivité rend donc toute tentative
d'inclure la peinture ou la photographie dans une de ces
catégories rédhibitoire. *Le Sacre de Napoléon* de David peut
être jugé comme une représentation fidèle, précise et ressem-
blante du sacre de l'empereur ou, au contraire, imprécise et
maladroite, mais en aucun cas il ne peut être considéré comme
référentiel.

Il existe une sorte de preuve indirecte du fait qu'il est
justifié de limiter la fictionalité à l'écrit et au cinéma. Ce sont
ce que nous avons appelés les « préambules ». En effet, ces
petits textes préliminaires n'apparaissent qu'au générique de
certains films ou au début de certains livres. Non seulement il
n'y a pas de tels avertissements devant une peinture ou une
photographie, mais ils seraient déplacés dans un tel contexte,
dans la mesure même où ces œuvres ne pourraient être prises
pour ce qu'elles ne prétendent pas être, à savoir un discours sur
le réel.

LA REPRÉSENTATION

Pour terminer cette présentation générale, nous allons examiner les liens et les différences entre la fictionalité d'une part et la représentation de l'autre, car nous ne croyons pas que ces deux concepts doivent être identifiés.

La représentation, c'est une façon intentionnelle non pas de faire référence au monde, sans quoi la fiction ne pourrait pas être représentationnelle, mais de donner à travers un média une image (une copie, une contrepartie, une contestation, une négation, etc.), quelle qu'elle soit, du monde. Comme le dit Schaeffer, « avant même que la question de la vérité [...] n'entre en jeu, la représentation a toujours déjà posé l'objet (auquel elle renvoie) *comme* objet représenté »[1].

Cela dit, la plupart des représentations sont des objets dont la fonction, culturelle, est de servir de représentation, que ce soit un article de physique théorique ou un roman policier. Mais il arrive que nous décidions, collectivement ou non, de considérer des objets non représentationnels en tant que représentations occasionnelles – une souche comme un ours, du sable comme du gâteau ou un nuage comme un visage, par exemple.

Parmi les représentations, on peut d'abord distinguer entre des représentations *directes* et *indirectes*. Dans les arts visuels,

---

1. *Op. cit.*, p. 109. Cette caractérisation pourtant très générale de la représentation entre déjà en conflit avec plusieurs autres conceptions. Pour Walton, nous l'avons vu, « représentation » est un terme synonyme de « fiction ». Putnam, au contraire, précise que dans son livre « les termes "représentations" et "référence" désigneront toujours une relation entre un mot [...] et quelque chose qui existe réellement », *Raison, vérité et histoire*, 1981, Paris, Minuit, 1984, note 1, p. 11. Quant à Goodman, il pense qu'« une image doit dénoter un homme pour le représenter, mais [qu']elle n'a pas besoin de dénoter quoi que ce soit pour être une représentation-d'homme », *Langages de l'art*, 1968, Nîmes, Jacqueline Chambon, 1990, p. 51.

ce qui est peint, photographié ou filmé est immédiatement sous les yeux, que cela ressemble ou non à son objet (si objet il y a). Autrement dit, nous appréhendons directement le contenu informationnel d'une image. Ce n'est pas le cas des textes que nous lisons puisque l'expression linguistique doit être « décodée » pour que l'on en comprenne le sens.

Il existe en outre des représentations plus ou moins *transparentes*. Ainsi, par exemple, lorsque j'observe *La Joconde*, je ne vois pas seulement Lisa Gherardini. Je suis sensible à la fois à l'objet représenté et à la façon dont il est représenté[1]. Au contraire, la photographie semble (plus) transparente en nous montrant directement son objet. On pourrait étendre cette notion de transparence perceptive au langage. Quand les mots dénotent un objet ou un événement, il y a également un sens à prétendre à une certaine transparence, puisqu'il y a saisie d'une partie de la réalité[2]. Dans le cas d'une fiction littéraire, au contraire, nous la comprenons par la signification, *via* la référence, que ses expressions linguistiques ont précédemment acquises dans le langage ordinaire. Insister sur cette différence, c'est souligner le fait capital que le langage de la fiction emprunte ou importe les significations des termes du discours référentiel.

Enfin, nous pouvons disposer les représentations le long d'un continuum qui irait de la plus *concrète*, réaliste ou mimétique à la plus *abstraite* ou formelle. Par exemple, un roman historique par la ressemblance entre ce qu'il décrit et la

---

1. Conformément à la « thèse de la double perception » des représentations visuelles selon laquelle notre attention visuelle doit se partager entre voir le médium et voir l'objet; R. Wolheim, *L'Art et ses objets*, 1980, Paris, Aubier, 1994, p. 194 *sq.*

2. Non sans rapport avec B. Russell qui, contrairement à G. Frege, croyait que le Mont-Blanc lui-même, avec tous ses champs de neige, était une partie constituante de ce qui était véritablement affirmé dans la proposition « le Mont-Blanc fait plus de 4000 mètres de haut ».

société dont il s'inspire paraît beaucoup plus concret que certaines productions du Nouveau Roman.

Si l'on examine maintenant l'interaction entre la fiction et la représentation, on constate que la classe des fictions est à la fois plus étendue et plus restreinte que celle des représentations. Plus étendue, car elle admet des éléments comme les lettres formées des fissures de la roche (dans l'exemple de Walton), qui ne sont pas représentationnelles. Plus restreinte, dans la mesure où toute représentation n'est pas une fiction, comme l'analyse de la peinture et de la photographie l'a montré. Nous pouvons alors schématiser les choses ainsi :

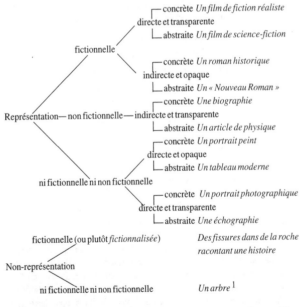

1. Je n'ai rien dit jusqu'ici de la poésie, est-elle fictionnelle ou référentielle ? C'est un genre hybride au regard de notre distinction. Ainsi, souvent, la poésie classique s'apparente au témoignage intime de la vie des sens ou à la

CONCLUSION

En résumé, la fiction est la mise en forme institutionnelle et sociale de notre envie de raconter des histoires dans un cadre ontologique donné.

Cela dit, un aspect essentiel de la fiction réside dans son apport cognitif. Contre Platon, nous pensons que l'imitation n'est pas nocive et que, loin de nous éloigner de la véritable connaissance, elle nous permet d'acquérir un certain savoir.

En effet, il nous est d'abord possible d'extraire en quelque sorte psychologiquement du régime de fictionalité générale ce qui est dit dans un roman par l'un des personnages ou par le narrateur et de le considérer de façon assertorique. C'est pourquoi, bien que la fameuse phrase qui ouvre le récit d'*Anna Karénine* (« Toutes les familles heureuses le sont de la même manière, les familles malheureuses le sont chacune à leur façon ») soit fictionnelle, comme l'ensemble de l'œuvre, rien ne nous empêche de la considérer comme informative.

En outre, la littérature dispense une forme de connaissance de type analogique. Ainsi, par exemple, la représentation métaphorique de la lune comme une hostie chez le poète Jules Laforgue nous donne à voir et à penser différemment la lune, mais ne nous permet pas, par exemple, de construire une

projection subjective de quelque attitude propositionnelle (croyance, désir, souhait, etc.) – à savoir au discours référentiel, éminemment subjectif. Pourtant, il existe également dans l'histoire de la poésie de nombreux textes qui doivent être considérés comme fictionnels en ce qu'ils développent une narration de forme poétique. C'est pourquoi, comme l'écrit Macdonald : « Hume a tout à fait tort de classer la poésie comme telle parmi la fiction, bien qu'un récit fictif puisse être raconté en vers », *op. cit.*, p. 208-209. Lorsqu'il s'agit de poésie expérimentale, comme la poésie concrète ou visuelle, il n'y a pas de contexte discursif suffisant pour que le texte ressortisse du champ de la fictionalité (ou de la non-fictionalité), bien qu'il puisse être alors directement représentationnel, à la façon d'une image. Enfin, une certaine poésie contemporaine pratique cette mixité des discours à l'intérieur d'une même œuvre.

fusée pour s'y poser. En empruntant la distinction de Peter M. S. Hacker, on peut donc dire que les analogies de la fiction sont « *aspect-seeing* » et non pas « *model-generating* »[1]. Dans le même ordre d'idée anti-émotiviste[2], Luis J. Prieto pense que le but d'une œuvre d'art figurative de fiction est de transmettre, de refléter ou d'exprimer le sens esthétique par des rythmes (spatiaux, temporels, narratifs, conceptuels, etc.) inhérents aux signaux employés pour transmettre le sens anecdotique – le sujet ou le thème de l'œuvre. Ce sens anecdotique et ce sens esthétique faisant l'objet d'une connaissance[3]. Alors que Gottfried Gabriel conçoit cette connaissance non comme un savoir enfermé dans le texte littéraire, mais comme un processus de compréhension en développement qui touche toutes les expériences du lecteur et qui lui fait gagner une nouvelle attitude ou position[4].

La fiction procure également la contrepartie d'expériences d'une richesse et d'une complexité insoupçonnables, qu'il serait difficile d'acquérir au cours d'une vie entière d'activité et cela sans risque d'erreur pour celui qui en bénéficierait. Comme le dit Walton : « Objectivité, contrôle, possibilité de participation collective, le tout plutôt libre des soucis du monde réel : c'est comme si le faire-semblant avait tout »[5]. Schaeffer insiste quant à lui sur les fonctions cognitives de la

1. Cité par J. Bouveresse dans *Philosophie, mythologie et pseudo-science*, Combas, L'Éclat, 1991, p. 44.

2. La théorie émotiviste de C.K. Ogden et I.A. Richards soutient que le langage a une fonction symbolique (ou référentielle) et une fonction émotive. La fonction première de la poésie et plus généralement de la fiction est émotive : elle sert à l'expression et à l'évocation de sentiments ou d'attitudes. Voir *The Meaning of Meaning*, Londres, K. Paul, Trench, Trubner, 1923.

3. « La finzione litteraria », texte inédit, 1995, copyright Pratiche Editrice, Parma, p. 11.

4. « Über Bedeutung in der Literatur. Zur Möglichkeit ästhetischer Erkenntnis », *Allg. Zeitschrift für Philosophie*, 1983, p. 13.

5. *Op. cit.*, p. 68.

feintise ludique, notamment dans le domaine des apprentis-
sages sociaux. Il cite les travaux de Iouri Lotman pour qui cette
simulation possède au moins trois fonctions : « elle permet
d'apprendre un comportement sans être soumis à la sanction
immédiate de la réalité ; elle nous apprend à modéliser des
situations susceptibles de se présenter à l'avenir ; et enfin, elle
nous permet de nous habituer peu à peu à des situations
dysphoriques que nous devons affronter dans la vie réelle
(il donne l'exemple de la mort) » [1]. Plus généralement, de
nombreux auteurs contemporains soulignent les rapports,
complexes, entre la simulation mentale, nos émotions et nos
expériences avec la fiction, dans une perspective cognitiviste.
À ce sujet, Susan Feagin pense que « l'art devrait être un
gardien contre la myopie intellectuelle et émotionnelle – il
n'exhibe pas […] des vérités cachées, mais il nous garde
mentalement flexible » [2].

Et comme vous êtes assis à votre table de travail, vous vous
dites que vous en avez terminé, qu'il vous semble avoir
compris que le texte que vous lisiez était de la fiction et
pourquoi – reprenant alors ce livre que vous n'avez cessé de
parcourir, vous lisez à voix haute :

> et je n'ai même plus le temps de noter ce qui s'était passé le soir
> du 29 février, et qui va s'effacer de plus en plus de ma mémoire,
> tandis que je m'éloignerai de toi, Bleston, l'agonisante, Bleston
> toute pleine de braises que j'attise, ce qui me paraissait si
> important à propos du 29 février, puisque la grande aiguille est
> devenue verticale, et que maintenant mon départ termine cette
> dernière phrase [3].

---

1. *Op. cit.*, p. 130.
2. « Imagining Emotions and Appreciating Fiction », dans *Emotion and The Arts*, M. Hjort et S. Laver (eds.), New York-Oxford, Oxford University Press, 1997, p. 60.
3. Butor, *op. cit.*, p. 299.

TEXTES ET COMMENTAIRES

TEXTE 1

Gregory CURRIE
« Fictional Names », p. 471-473 *

1. Je pars de l'hypothèse qu'il n'y a pas d'entités spécifiquement fictionnelles, pas de mondes fictionnels distincts des mondes possibles de la sémantique modale, pas de personnes, de chiens ni de biens fictionnels distincts des vrais personnes, chiens et biens. Il faut donc expliquer le sens apparent (et, parfois, la vérité apparente) d'énoncés impliquant des expressions comme « Sherlock Holmes », « Lassie » et « Tara » – les noms fictionnels comme je les appellerai. Ces énoncés vont de l'acte initial de l'auteur d'écrire ou de dire, en passant par l'exploration de l'histoire par le lecteur, jusqu'aux spéculations qui semblent libérer le personnage de son texte d'origine, le traitant comme un objet d'attention autonome. Ces types d'usage diffèrent de façon importante les uns des autres, et nous devons veiller à les distinguer en développant une théorie des noms fictionnels. Ce qui suit étant, je crois, une théorie des noms fictionnels qui les explique et les distingue de façon appropriée. […]

* *Australian Journal of Philosophy*, vol. 66, 4, 1988, p. 471-488. Ce texte est repris pour l'essentiel au chapitre 4 de *The Nature of Fiction*, Cambridge, Cambridge University Press, 1990. Le texte est traduit par Lorenzo Menoud.

2. Les problèmes concernant les noms fictionnels apparaissent d'abord parce que les auteurs de fiction utilisent ces expressions dans leurs travaux. Il est alors naturel de commencer une enquête de la sémantique des noms fictionnels en examinant leur usage dans de telles œuvres fictionnelles. J'appellerai cela l'usage *fictif* des noms fictionnels. Lorsque Sir Arthur Conan Doyle écrit « Holmes était un fumeur de pipe », comment expliquer son usage de l'expression « Holmes » ? Afin de mieux comprendre ce qui est en jeu ici, comparez ce cas à celui qui n'impliquerait qu'un authentique nom propre référentiel. Supposons que vous et moi connaissions Jones et que vous me disiez « Jones est un fumeur de pipe ». « Jones » désigne ici un individu particulier à propos duquel vous me racontez quelque chose. Ce que vous dites est vrai dans le monde réel si Jones fume une pipe, et vrai ou faux dans d'autres mondes, selon si c'est Jones lui-même qui fume dans ces mondes. C'est là la fameuse rigidité des noms propres. Maintenant, vous pouvez inventer une petite histoire concernant Jones pour me divertir – étant entendu entre nous que votre histoire est fictionnelle. Si, au cours de votre histoire, vous dites « Jones est un fumeur de pipe », « Jones » fonctionne comme auparavant en tant qu'authentique nom propre. « Jones » demeure rigide dans le passage de l'assertion à la fiction (*fiction-making*).

Dans la fiction, nous utilisons parfois d'authentiques noms propres pour désigner des individus particuliers et en dire quelque chose qui fait partie de la fiction. C'est ainsi que Tolstoï emploie « Napoléon » dans *Guerre et paix*. Mais « Holmes » ne fonctionne pas ainsi dans les histoires de Doyle. Doyle ne nous invite pas à identifier un individu particulier, parce qu'il n'y a personne que nous connaissons ou aurions précédemment connu comme le référent de « Holmes ». Qu'est-il est alors demandé au lecteur pour qu'il comprenne l'énoncé de Doyle? Supposons un instant que l'histoire de Holmes ne contienne qu'un seul personnage fictionnel, Holmes. Ce qu'il fait dans l'histoire serait fait en relation avec des lieux et des gens réels, comme Londres et la reine Victoria. Nous pouvons diviser l'espace logique des mondes possibles en deux classes. La première classe contient tous les mondes *qualitatifs* de l'histoire et eux seuls. Un monde ω est un monde qualitatif de l'histoire s'il y a quelqu'un en ω qui est et fait tout ce que Holmes est et fait dans l'histoire, et dans lequel tous les autres éléments de l'histoire sont littéralement vrais. Cette personne, par exemple, sera appelée «Holmes», habitera Londres, aura une durée de vie qui dépasse celle de la reine Victoria. Celui qui sera cette personne variera d'un monde qualitatif de l'histoire à l'autre.

Supposons maintenant que sur la base de ma lecture de l'histoire je sois capable de distinguer les mondes qualitatifs de l'histoire de tous les autres. Étant donné une description complète d'un monde, je peux vous dire si ce monde est un monde qualitatif de l'histoire. Lire l'histoire un peu plus attentivement ne me permettrait certainement pas d'identifier un sous-ensemble approprié de ces mondes et de dire «ce sont les mondes dans lesquels c'est vraiment *Holmes* qui fait ces choses». Ma compréhension de l'histoire est dans ce cas complète, parce qu'il ne peut rien y avoir dans une histoire fictionnelle que le lecteur serait incapable de saisir. Mais alors ma compréhension de l'expression «Holmes» doit être également complète. Il ne peut pas y avoir de saisie correcte du terme «Holmes» (comme l'auteur l'utilise dans l'histoire) qui ne contribue pas à une compréhension de l'histoire dans laquelle il se trouve. Ma compréhension du nom fictionnel *survient sur* ma compréhension de l'histoire comme un tout, elle consiste dans ma capacité à distinguer les mondes qualitatifs de l'histoire. (On ne peut pas dire la même chose de l'histoire fictionnelle concernant Jones. Si tout ce que je peux faire, c'est identifier les mondes qualitatifs de cette histoire – mondes dans lesquels *quelqu'un* fait les choses que Jones est dit faire – alors je ne comprends pas complètement votre usage de l'expression « Jones » et, conséquemment, je ne comprends pas complètement l'histoire que vous me racontez. Comprendre *cette* histoire dépend de ma compréhension préalable du nom « Jones ».)

Il semble que je peux assimiler intégralement le contenu de l'histoire de Holmes sans assigner de référence à « Holmes », tout comme je peux comprendre l'énoncé « quelqu'un fume » sans demander qui est ce quelqu'un. Et il y a plus qu'une simple analogie ici. Dans l'analyse logique, « Holmes » et « quelqu'un » sont remplacés par le système des variables et des quantificateurs. De façon à obtenir une première explication des noms fictionnels (explication qui aura besoin de certaines révisions), revenons aux autres personnages fictionnels de l'histoire de Holmes. Lorsque nous lisons que Holmes, Watson, Moriarty et les autres ont fait telle et telle chose, nous devons comprendre qu'il y a quelqu'un, et quelqu'un d'autre, et tout le reste, et que le premier est appelé « Holmes » et, …, et le énième est appelé tel et tel, et que le premier a fait ça et ça, etc. Quand nous le comprenons, nous sommes capables de dire de n'importe quel monde possible s'il est un monde qualitatif de l'histoire. Et, comme je l'ai relevé, c'est tout ce qui est nécessaire à la compréhension de l'histoire.

COMMENTAIRE

Le texte de Gregory Currie que je vais commenter est extrait d'un article publié en 1988. Currie y analyse la sémantique des noms propres fictionnels.

Mais avant d'examiner ses propositions, il convient d'expliquer notre usage des noms propres ordinaires comme *Aristote* ou *Zinedine Zidane*. On admet généralement que la théorie de la référence directe, développée dans les années 70, explique leur fonctionnement. Mais que dit cette théorie ?

LA THÉORIE DE LA RÉFÉRENCE DIRECTE

Pour résumer, on peut en distinguer deux aspects. Un aspect structurel et un aspect historique ou causal [1].

Sous son premier aspect, la théorie de la référence directe prétend que la signification d'un terme singulier est constituée par le référent lui-même. Autrement dit, contrairement aux théories frégéennes de la référence, un nom propre dénote directement son objet, sans passer par des définitions identifiantes ou un sens pour le caractériser. Dans la version modale

---

1. Voir *La logique des noms propres*, 1972, Paris, Minuit, 1982, de S. Kripke et *Reference and Essence* de N. Salmon qui donne une synthèse critique des différentes propositions, Oxford, Basil Blackwell, 1982.

de Saul Kripke, les termes référentiels singuliers du langage sont des *désignateurs rigides*, à savoir qu'ils désignent le même individu dans tous les mondes possibles. Quant au second aspect de la théorie de la référence directe, il explique la référence à un objet par le lien historique ou causal qui relie un terme singulier à son porteur. Ainsi, c'est généralement un acte de baptême qui rattache une personne à son nom.

Un des nombreux avantages de la théorie de la référence directe, c'est d'avoir théorisé l'indépendance entre la référence et un ensemble de descriptions définies. Un être possède un nom qui se réfère à lui, même si l'ensemble de ses propriétés est inconnu, variable ou différent de ce que quelqu'un croit. Ainsi, « Aristote » n'est pas le nom de celui qui écrivit *La Poétique* et le *De Interpretatione*, puisque si un jour des preuves irréfutables établissaient que ces textes furent écrits par une autre personne, par sa femme Pythias par exemple, cette découverte n'impliquerait pas que Pythias est Aristote, ni qu'Aristote cesserait d'être Aristote. De même, lorsque l'on prétend de Zidane qu'il aurait pu ne pas jouer au Real de Madrid, ou même ne pas avoir fait de football, c'est bien de Zidane que l'on parle, indépendamment des descriptions qui lui sont attachées.

Mais qu'en est-il de cette théorie dans l'analyse des noms propres vides, c'est-à-dire des noms propres qui n'ont pas de référent, comme les noms de la fiction ? Il semblerait alors que la théorie de la référence directe éprouve quelques difficultés à interpréter ces expressions. En effet, comme le souligne Keith Donnellan, les énoncés existentiels négatifs « semblent se référer à quelque chose seulement en disant de cette chose qu'elle n'existe pas. Comment peut-on dire quelque chose de ce qui n'existe pas ? »[1]. Autrement dit, si ce qu'un énoncé

1. K. Donnellan, « Speaking of Nothing », *The Philosophical Review*, 83, 1974, p. 3-32. J. Pelletier a élaboré une théorie positive des noms propres dans la

existentiel négatif dit est vrai, l'expression singulière qui contient le nom propre vide n'a aucune signification, elle n'exprime aucune proposition puisqu'elle manque d'un référent seul à même de donner un contenu à la proposition. Alors comment expliquer la signification apparente des noms propres vides?

Une des solutions consisterait au contraire à accepter l'engagement ontologique du nom propre vide (ou fictionnel) et à prétendre que dans la fiction les référents des noms fictionnels sont des individus inexistants (Alexis Meinong et Terence Parsons) ou des individus existants dans des mondes possibles (David Lewis et Robert Howell)[1]. Il faudrait donc, en vertu de la forme logique des noms, s'engager dans l'existence d'objets fictionnels. C'est du moins ce que proposent ces deux courants de philosophes «inflationnistes» qui, outre des individus réels, admettent des individus fictionnels comme référents des occurrences des noms propres dans les récits.

LES INDIVIDUS INEXISTANTS DE PARSONS

Parsons a récemment développé une théorie meinongienne des objets fictionnels. La métaphysique de Meinong

fiction dans le cadre de la référence directe, proposant ainsi une unité de traitement sémantique des noms fictionnels et extra-fictionnels; voir *Fiction et référence*, Paris, 1994, thèse non publiée. On trouvera une présentation et une discussion critique des arguments de Pelletier dans mon article «Qu'est-ce qu'un personnage de fiction?», *Revue de théologie et de philosophie*, 135, 2003, p. 137-159.

1. Voir A. Meinong, *Über Möglichkeit und Wahrscheinlichkeit*, Leipzig, 1915; T. Parsons, *Nonexistent Objects*, New Haven, Yale University Press, 1980; D. Lewis, «Truth in Fiction», *American Philosophical Quarterly*, XV, 1978, p. 37-46; R. Howell, «Fictional Objects: How They Are and How They Aren't», *Poetics*, 8, 1979, p. 129-177.

cherchait une façon de maximiser les objets qu'*il y a* en les distinguant des objets qui *existent* (et qui n'en sont qu'un sous-ensemble). Suivant Leibniz, il supposait que les objets peuvent être individués par les propriétés qu'ils possèdent. Les objets qui ont exactement les mêmes propriétés sont identiques entre eux et les objets qui possèdent des propriétés distinctes sont différents entre eux.

À cela, Parsons ajoute que pour chaque ensemble de propriétés, il y a un objet qui a exactement ces propriétés. Mais cette spécification ne se limite pas aux objets existants. En effet, si l'on considère l'ensemble des propriétés comportant uniquement l'*orité* et la *montagnitude*, on obtient un objet incomplet possédant ces deux seules propriétés. Afin d'éviter l'objection de Russell à Meinong de la montagne d'or existante et inexistante, Parsons distingue les propriétés nucléaires des propriétés extranucléaires. Seules les premières sont susceptibles de figurer dans chaque ensemble auquel chaque objet se trouve « corrélé ». Les propriétés nucléaires sont les propriétés ordinaires des individus, alors que les propriétés extranucléaires incluent des prédicats ontologiques, comme l'existence, mais aussi des prédicats modaux et intentionnels.

En appliquant sa théorie à la fiction, Parsons définit un personnage fictionnel comme l'objet qui possède exactement les propriétés nucléaires qui lui sont attribuées dans l'histoire dont il est originaire. Ainsi, Sherlock Holmes est l'objet qui possède toutes les propriétés qui lui sont attribuées dans les histoires de Sherlock Holmes, et aucune autre. Il est donc littéralement vrai qu'il est un détective, puisque c'est une propriété nucléaire qu'il a dans les histoires le concernant. Par contre, il n'est pas vrai qu'il existe, bien qu'il existe selon l'histoire, dans la mesure où « existe » est un prédicat extranucléaire. Nous savons qu'il n'existe pas, car nous savons qu'il n'y a

71

aucun objet, parmi les objets existants, avec exactement les propriétés nucléaires de Holmes. Il en sera de même de tout personnage de fiction, nous dit Parsons, car de tels personnages sont « incomplets ». En effet, pour chaque objet fictionnel, il y a un grand nombre de propriétés nucléaires qu'il ne possède pas et dont il ne possède pas la négation non plus. Holmes a la propriété d'être un détective aussi bien que la propriété d'être un non-dragon, puisque l'on comprend dans les histoires qu'il n'est pas un dragon. Mais il lui manque à la fois la propriété d'avoir eu la grippe comme celle de ne pas avoir eu la grippe, puisque Doyle n'en dit rien dans ses textes. De plus, Parsons souligne que certains objets inexistants ne sont pas logiquement clos, c'est-à-dire qu'ils ne possèdent pas toutes les propriétés logiquement impliquées par leurs propriétés. Autrement dit, le fait que Holmes soit un humain dans l'histoire n'implique pas qu'il ait une taille particulière si Doyle ne la spécifie pas.

Notons, pour conclure cette présentation succincte de la théorie de Parsons, que l'activité d'un auteur de fiction ne peut consister qu'à rendre certains objets inexistants fictionnels. En effet, Holmes, comme tout autre personnage de fiction, était déjà un objet avant d'être conçu par Doyle, et ce en vertu de l'ensemble des propriétés qui lui correspondent.

Cela dit, un certain nombre de critiques ont été apportées à la théorie de Parsons. Tout d'abord, Currie présente une objection « simple et dévastatrice » à toute ontologie qui accueillerait des objets existants et inexistants : « Holmes, cette personne inexistante, *pense* probablement qu'il existe »[1]. Et rien de ce que découvre Holmes à son sujet ne peut le convaincre qu'il n'existe pas. Alors comment pouvons-nous savoir que nous existons, demande Currie, puisque nous sommes

---

1. *Op. cit.*, p. 132.

dans la même situation épistémique que Holmes? Nous
n'avons donc pas plus de preuves de notre existence que
Holmes de la sienne. Une telle option philosophique conduirait à un scepticisme généralisé, elle est donc inacceptable
pour Currie.

La seconde objection conteste le fait que Sherlock Holmes
serait un objet avant même d'avoir été inventé par Conan
Doyle. La conception de Parsons ne rend pas compte de
l'activité créatrice de l'auteur de fiction qui ne serait plus,
selon le mot de Peter Van Inwagen, qu'un « arrangeur de
fleurs »[1]. De plus, son ontologie serait composée d'entités
superflues dans la mesure où sa théorie suppose que tout
ensemble de caractéristiques (susceptible d'être un personnage de fiction) a une place au niveau ontologique même s'il
ne sera jamais *découvert* ou *créé* par aucun auteur.

La dernière critique que nous retiendrons concerne un
problème sur lequel nous reviendrons, à savoir celui de la
référence accidentelle. Si ce qui définit un objet, c'est uniquement un ensemble de propriétés nucléaires, comment ne pas
identifier à tort une personne qui posséderait les caractéristiques que Doyle attribue à Holmes? L'incomplétude des
personnages natifs empêche selon Parsons qu'ils puissent être
considérés comme des personnes réelles, puisque les personnes réelles sont complètes. Cependant, il reconnaît que
dans l'hypothèse où un texte de fiction contiendrait de façon
accidentelle l'histoire totale, passée, présente et future de
l'univers, sa théorie nous conduirait à accepter le fait que tous
les personnages fictionnels de cette histoire sont en fait des
personnes réelles. Mais, sans répondre à l'objection, Parsons
considère cette hypothèse trop bizarre pour être pertinente.

---

1. « Creatures of Fiction », *American Philosophical Quarterly*, 4, 1977,
p. 308.

LES MONDES POSSIBLES DE LEWIS

Lewis, quant à lui, ne pense pas que les personnages de fiction sont des êtres inexistants, mais qu'ils existent dans des mondes possibles inactuels.

Un monde possible est un ensemble complet de manières dont le monde aurait pu être. Pour Lewis, les mondes possibles sont réellement existants, bien que la plupart d'entre eux soient inaccessibles à notre connaissance [1]. Toute phrase douée de sens se voit assigner une valeur de vérité relativement à un monde, on peut donc dire d'elle si elle est vraie ou fausse dans n'importe quel monde possible.

Lewis distingue le monde dans lequel nous vivons des mondes de l'histoire fictionnelle. L'histoire est racontée dans notre monde et ce qui est raconté a lieu dans de nombreux mondes possibles, car l'indétermination d'une histoire, tout ce qu'elle ne dit pas, ne permet pas de déterminer un monde possible unique. Dans ces mondes, l'histoire est racontée comme un ensemble de faits ayant réellement eu lieu, que le narrateur connaîtrait. Cette distinction des mondes implique une distinction au niveau de l'analyse des noms dans la fiction. Dans les mondes possibles où existent les personnages, leurs noms sont des noms propres ordinaires dont le narrateur a connaissance. Alors que dans notre monde réel, le narrateur ne fait que feindre que les noms de la fiction sont référentiels.

Lewis considère notre monde comme un monde parmi d'autres. Les habitants des autres mondes peuvent avec vérité qualifier leur propre monde de « réel ». En fait, dit-il, « réel » est un terme indexical, comme « ici » et « maintenant ». Les individus sont reliés au monde qu'ils considèrent comme réel, mais ils n'existent pas seulement dans ce monde. Selon lui,

1. Pour une typologie de la réalité des mondes possibles, voir P. Engel, *La norme du vrai*, Paris, Gallimard, 1989, p. 185-186.

chaque individu a des répliques qui existent dans les mondes
possibles auxquels cet individu n'appartient pas. Ces répliques
sont identifiées par la *similarité qualitative* qu'elles entretiennent avec l'individu dont elles sont la réplique dans un monde
donné. Identifier Holmes dans un monde possible reviendrait
donc à trouver dans ce monde un individu dont la similarité
qualitative avec le Holmes décrit dans l'histoire de Doyle est
non seulement forte, mais plus forte qu'avec aucun autre individu de ce monde. Le problème, c'est que chercher une référence ou une réplique pour un nom fictionnel tel qu'il est
employé dans une histoire ne permet pas toujours de distinguer
parmi les différents candidats possibles inexistants le référent
ou la réplique du nom fictionnel. La similarité qualitative
semble notamment incapable d'identifier des personnages de
fiction dont les descriptions données par l'auteur seraient
succinctes. Pour résoudre ce problème, Lewis ajoute aux relations de répliques par descriptions, la relation de répliques par
lien direct. Autrement dit, si les premières relient des répliques
parce que leurs descriptions sont identiques, par similarité
qualitative, les secondes relient des répliques parce qu'elles
ont la même relation épistémique à un sujet, elles jouent le
même rôle pour lui. Ainsi, selon cette relation, les répliques de
Holmes seraient identiques dans la façon dont elles seraient
subjectivement reliées au lecteur, chacune étant, dans son
propre monde, la personne à propos de qui j'apprends quelque
chose quand je lis le texte. Il se pourrait cependant que deux
objets qui seraient des répliques par relation directe pour moi
ne le soit pas pour vous. Afin d'éviter qu'il y ait un Holmes
pour chaque lecteur, Lewis, dans sa correspondance avec
Currie, propose de considérer non plus les répliques par
relation directe pour un individu, mais pour une communauté.

D'une façon générale, Currie critique l'assimilation des mondes fictionnels (s'ils existent) aux mondes possibles [1].

Plus précisément, Currie va reprendre en détail une objection classique à l'analyse que Lewis fait de la vérité dans la fiction. Il se demande en effet ce qui arrive à la vérité fictionnelle quand une fiction est inconsistante et qu'il n'y a pas de monde pour l'histoire, puisqu'il n'y a pas de monde possible dans lequel une histoire inconsistante pourrait être considérée comme un fait établi ou connu.

La stratégie de Lewis pour répondre à cette critique consiste à séparer les contradictions mineures des contradictions flagrantes. Dans le premier cas, lorsque Doyle, par exemple, modifie arbitrairement la position de la blessure de guerre de Watson, Lewis suggère de considérer les versions révisées possibles de l'histoire, c'est-à-dire les versions de l'histoire qui restent le plus près possible de l'histoire originale et dans lesquelles les impossibilités seraient éliminées, et d'ensuite juger de la vérité fictionnelle à l'aune de ces révisions. Dans le cas de contradictions majeures, comme dans des histoires avec un cercle carré ou un voyage dans le temps, Lewis décrète que la notion de vérité fictionnelle n'a pas d'application intéressante. Cette réponse est difficile à accepter dans la mesure où de telles contradictions ne nous empêchent pas de porter les jugements habituels sur ce qui est vrai ou faux dans la fiction et de distinguer deux histoires incohérentes entre elles. Plus récemment, Lewis est revenu sur ces problèmes et a proposé de décomposer les fictions inconsistantes en fragments consistants.

---

1. *Op. cit.*, p. 54-56. Voir également K. Walton, *Mimesis as Make-Believe*, Cambridge, London, Harvard University Press, 1990, p. 64-67 et P. Lamarque et S.H. Olsen, *Truth, Fiction and Litterature*, Oxford, Clarendon Press, 1994, p. 89-95.

Mais cette solution paraît *ad hoc* à Currie, dans la mesure où elle n'éclaire aucun autre aspect de la vérité fictionnelle. En outre, elle présuppose que chacun des fragments ainsi décomposé serait consistant – mais quelle serait la consistance d'un fragment où un personnage réfuterait un théorème nécessairement vrai, par exemple ? Enfin, d'une façon plus positive, il se peut qu'un auteur décide volontairement de rendre un objet ou un personnage de fiction inconsistant – ce dont ne rend pas compte la proposition de Lewis.

Au-delà de ces critiques spécifiques apportées aux thèses de Parsons et de Lewis, il semble en effet judicieux de penser, suivant en cela la théorie de la référence directe, que les noms fictionnels ne désignent aucun objet, puisqu'il n'y a rien dans le « mobilier du monde » qui corresponde à ces noms. Comme l'énonce l'« axiome d'existence » de Searle, « tout ce à quoi on réfère doit exister »[1].

TROIS USAGES DES NOMS FICTIONNELS CHEZ CURRIE

Dans l'extrait choisi, Currie indique très clairement qu'il part de l'hypothèse qu'il n'y a pas d'entités fictionnelles. La double difficulté d'un tel postulat, c'est d'expliquer la signification des phrases contenant des noms fictionnels et de caractériser ce qu'est un nom dans la fiction.

Pour ce faire, il faut distinguer trois usages des noms propres dans la fiction, explique Currie en 1. D'abord, l'usage *fictif* de l'auteur dans son acte d'écriture ou lorsqu'il raconte une histoire. C'est de cet usage dont traite le texte que nous commentons. Cet emploi du nom doit être distingué à la fois de celui qu'en font les lecteurs (usage *métafictif*) et de l'autono-

---

1. *Les actes de langage*, 1968, Paris, Hermann, 1972, p. 121.

mie que semblent parfois prendre les noms et les personnages
de fiction par rapport à leur texte d'origine (usage *transfictif*).

Pour bien faire comprendre ce que Doyle veut dire
lorsqu'il écrit «Holmes était un fumeur de pipe», Currie
oppose ce cas à celui d'une situation dans laquelle on utilise-
rait un nom propre, «Jones», pour désigner un individu réel
à propos duquel on ferait la même affirmation. «Jones» est
alors un désignateur rigide qui fait référence à Jones même si
l'on invente une histoire fictionnelle à son propos. Il existe
d'ailleurs d'après Currie des fictions dans lesquelles l'auteur
utilise de véritables noms propres – comme «Napoléon» dans
les romans de Tolstoï et de Stendhal, par exemple.

«Holmes» ne fonctionne pas comme un nom propre dans
les histoires de Doyle et ne sert pas à dénoter un individu
puisqu'un tel individu n'existe pas. Reprenant l'approche
modale de Lewis, il va dire qu'un nom ne fait que *survenir*
(*supervenes*) sur l'ensemble de l'histoire[1]. Dans la fiction,
contrairement aux usages référentiels des noms propres, je ne
dois donc pas comprendre le nom pour comprendre l'histoire,
c'est même l'inverse. Plus précisément, Currie va appliquer
au contenu des histoires fictionnelles l'analyse que Frank
Ramsey fit des théories scientifiques en vue d'éliminer les
termes théoriques, non observables, en substituant aux phrases
contenant ces termes, des variables quantifiées existentielle-
ment[2]. Currie définit alors le contenu d'une histoire fictionnelle $F(t_1...t_n)$, les t_i étant les noms fictionnels, par la phrase
$\exists x_1...\exists x_n [F(x_1...x_n)]$. Chaque nom est ainsi remplacé par une
variable liée à un quantificateur existentiel. Autrement dit, si

1. «Une propriété M d'un objet *survient* ou *est survenante* sur une
propriété P de cet objet, s'il ne peut y avoir de changement de M dans cet objet
sans qu'il y ait un changement de P dans cet objet», P. Engel, *États d'esprit*,
Aix-en-Provence, Alinea, 1993, p. 37-38.
2. Sur la méthode de Ramsey, voir J. Dokic et P. Engel, *Ramsey. Vérité et
succès*, Paris, Presses Universitaires de France, 2001, p. 55 *sq.*

Holmes était le seul personnage de l'histoire, on dirait, par exemple, qu'il existe *quelqu'un* qui s'appelle «Holmes», qui habite à Londres et qui vit sous le règne de la reine Victoria. Ainsi, «Holmes» n'est pas un véritable nom propre, il ne fonctionne pas comme une constante, mais lorsque l'on lit un roman ou une nouvelle de Doyle, on fait semblant qu'il le soit.

Cela dit, quand nous lisons une histoire, nous ne supposons pas simplement qu'il y a *n* individus qui accomplissent un certain nombre d'actions, mais plutôt qu'il y a un *n*-tuple d'individus particuliers qui font des choses que nous apprenons. Currie complète ainsi son analyse en ajoutant la notion de narrateur ou, comme il l'appellera, d'*auteur fictionnel*. Chaque histoire fictionnelle implique un narrateur. Ce qui signifie que dans chaque histoire le texte est produit par quelqu'un qui connaît les personnages du récit et les événements qu'ils accomplissent. La lecture d'une œuvre de fiction revient ainsi, dans l'interprétation qu'en donne Currie, à explorer les croyances de l'auteur fictionnel à partir du texte, de l'époque de l'auteur réel et de sa communauté d'appartenance.

Currie tient à différencier l'usage *fictif* des noms propres dans la fiction, de leur usage *métafictif*. En effet, lorsque je vous dis que «Holmes était un fumeur de pipe», mon énoncé diffère beaucoup du même énoncé rédigé par Doyle. Dans ma bouche, c'est une assertion, quelque chose qui est vrai, que je crois vrai et que j'aimerais que vous croyiez également. Mais comment une même phrase peut-elle être vraie quand elle est énoncée par moi et fausse lorsqu'elle est énoncée par Doyle? En suivant la proposition de Lewis, notamment, Currie pense qu'un tel énoncé, lorsque je le profère, doit être compris comme implicitement précédé d'un opérateur intentionnel du type «cela fait partie de l'histoire que...». Mais qu'est-ce qu'un opérateur? Un opérateur, en logique, c'est un terme servant à la formation de propositions à partir de propositions.

Si l'on considère, par exemple, la proposition p, « il pleut », elle peut recevoir deux valeurs de vérité, selon qu'il pleuve ou qu'il ne pleuve pas. Si l'on enchâsse cette proposition dans l'opérateur de négation, $\sim p$, on inverse ses conditions de vérité.

La proposition fausse « Holmes était un fumeur de pipe » devient vraie si on la préfixe d'un opérateur : « F_H (Holmes était un fumeur de pipe) », *i.e.* cela fait partie de l'histoire de Holmes (H) que Holmes était un fumeur de pipe. Mais quel est le sens du mot « Holmes » dans un tel énoncé ? Nous avons vu que ce ne peut pas être un véritable nom propre. Selon Currie, il ne peut pas non plus fonctionner comme précédemment, à savoir en tant que variable liée, dans la mesure où dire qu'il est vrai dans l'histoire que Holmes est un fumeur ne peut pas être équivalent à dire qu'il est vrai dans l'histoire qu'il y a exactement une personne appelée « Holmes » et qui fume – car l'histoire pourrait contenir deux personnes qui lui correspondraient – par exemple le frère de Sherlock, Mycroft.

C'est pourquoi Currie propose qu'un nom propre fictionnel soit considéré dans son usage *métafictif* comme une description définie abrégée ou « télescopée ». Les descriptions définies sont des expressions qui ne désignent aucun objet directement, mais qui entretiennent un rapport conceptuel à ce que l'on souhaite désigner en le décrivant, par exemple « l'homme qui a vu l'ours » ou « l'inventeur de la fermeture-éclair ». Autrement dit, ce sont des symboles incomplets puisqu'ils ne désignent rien par eux-mêmes mais seulement dans un contexte propositionnel.

Afin d'éviter que chaque lecteur associe une description partielle et subjective à un même nom, par exemple « le fameux détective qui habite Baker Street » pour l'un et « l'homme qui a résolu le mystère de la "Ligue des Rouquins" » pour l'autre, Currie propose que cette description soit considérée comme un « idéal sémantique ; c'est ce qu'un lecteur parfaitement informé, à la mémoire infaillible et totalement rationnel signifierait par "Holmes" ». C'est à nouveau, comme dans l'usage *fictif*, la totalité du contenu de l'histoire qui compte pour assigner une signification à un nom propre fictionnel. « Holmes » dénote alors, dans chaque monde, la personne, s'il y en a une, qui est le premier membre de l'unique $n+1$-tuple de choses qui satisfait les conditions de l'histoire. Chaque n est un membre de l'histoire et le personnage supplémentaire est l'auteur fictionnel, responsable de l'histoire. La méthode de Lewis, en définissant tous les personnages d'un coup, évite une description circulaire où chaque personnage renverrait à un autre.

Dans l'usage *transfictif*, il s'agit de déterminer la valeur de vérité d'énoncés où le nom du personnage est utilisé en dehors du contexte de son histoire d'origine, par exemple : « les méthodes de Philip Marlowe diffèrent de celles de Sherlock Holmes ». Si on traite cet énoncé normalement, il sera faux d'après Currie, car il contient des descriptions définies qui ne dénotent personne. On ne peut pas non plus le considérer dans la portée de l'opérateur F, comme dans l'usage *métafictif*, car Holmes et Marlowe n'apparaissent pas dans les mêmes récits.

La vérité apparente de ces énoncés pourrait nous induire à nouveau à envisager des êtres de fiction. Mais Currie « résiste encore à cette tentation » et invente la notion de *rôle* afin d'expliquer leur emploi. Un rôle est une entité théorique. Le personnage de Holmes, pas plus que son rôle, n'ont la propriété d'être perspicace. Cependant la perspicacité est une des caractéristiques définissant le rôle de Holmes. Pour occuper ce rôle dans un monde, il faut notamment être perspicace dans ce monde. Autrement dit, *être Holmes* dans un monde, c'est occuper le rôle de Holmes dans ce monde. Les rôles, dans ce sens technique, correspondent aux entités que l'on appelle le plus souvent des personnages[1]. Currie note également qu'un rôle peut être occupé par un groupe (ou une bande) lorsque ce groupe est traité comme une unité sans spécification.

Par conséquent, pour revenir à l'exemple de départ, dire que les méthodes de Marlowe diffèrent de celles de Holmes, c'est affirmer que parmi les caractéristiques identifiantes du rôle de Marlowe, il y a certaines méthodes d'investigation qui sont différentes de celles qui définissent partiellement le rôle de Holmes[2].

PROBLÈMES DU DESCRIPTIVISME ET SOLUTIONS POSSIBLES

Sans entrer dans le détail de la théorie descriptiviste de Currie, celle-ci semble être à même de rendre compte du fonctionnement des noms propres dans la fiction. Les noms fictionnels auraient uniquement un contenu descriptif – leur contribution à une proposition étant donnée par une description ou un ensemble de descriptions.

D'une façon générale, la théorie descriptiviste qu'elle soit d'inspiration russellienne ou frégéenne est motivée par le constat que tout lien causal ou empirique avec les référents hypothétiques des noms fictionnels, en particulier tout mode de présentation non descriptif dans la perception de ces référents, est a priori exclu.

Comme l'écrivent Peter Lamarque et Stein H. Olsen : « la façon dont sont les choses (dans la fiction) est déterminée par le fait qu'une énonciation fictive décrit comment elles doivent

1. Lamarque et Olsen définissent le personnage fictionnel comme « un ensemble de caractéristiques (ou qualités) humaines abstraites », *op. cit.*, p. 98.
2. En voici l'illustration : « Je ne suis pas Sherlock Holmes [...]. Je ne m'attends pas à ramasser une pointe de stylo cassée sur des lieux que la police a examiné et à reconstruire l'affaire à partir de là », *Le grand sommeil*, 1939, Paris, Gallimard, 2000, p. 234.

être. Cela indique le contraste avec la vérité, car la façon dont les choses sont (dans le monde) n'est pas déterminée par une quelconque énonciation »[1]. Autrement dit, à partir de cette nature « aspectuelle » du contenu fictionnel, ils analysent les noms fictionnels comme des noms sans dénotation, mais qui possèdent un sens frégéen. Le sens d'un nom fictionnel est donné par les descriptions d'un texte source qui introduit le nom. Par exemple, le sens du nom « Emma Bovary » est donné par des descriptions comme : la femme appelée « Emma Bovary », qui épousa Charles, qui se rendit au bal de la Vaubyessard, qui fut déçue par son mariage, etc. Les personnages, comme tout état de choses dans la fiction, sont constitués par le contenu prédicatif des descriptions qui leur sont associées – leur identité dépendant de leur mode de présentation dans l'œuvre en question. C'est donc le sens descriptif d'un nom fictionnel qui donnera son contenu au faire-semblant du lecteur.

Ainsi, le descriptivisme revient à traiter les descriptions qui figurent dans un texte de fiction comme donnant la contribution propositionnelle du nom fictionnel, qui ne serait pas vide, mais strictement conceptuelle (générale).

Mais admettre une relation de *synonymie* entre un nom fictionnel et un ensemble de descriptions conduit à trois difficultés communément admises :

a) Les pensées basées sur les phrases de la fiction dans lesquelles figure un nom fictionnel sont *focalisées* sur un individu inexistant particulier et non sur un individu quelconque qui viendrait accidentellement satisfaire un certain contenu propositionnel descriptif. Comment le descriptivisme peut-il rendre compte de cette focalisation, de cette visée, du fait indéniable que nous avons l'impression, en tant que lecteur, de suivre quelqu'un dans le livre que nous lisons ?

1. *Op. cit.*, p. 51.

Currie n'accepte pas la possibilité qu'un nom fictionnel fasse accidentellement référence à quelqu'un qui posséderait les caractéristiques du personnage en question. Il distingue le fait pour une phrase d'*être vraie de* tel ou tel, du fait de *porter sur* tel ou tel. Une histoire peut être vraie de quelqu'un sans porter sur cette personne, si par exemple son auteur n'a jamais entretenu de croyances sur cette personne. Ce qui fait pour Currie qu'un texte *concerne* quelqu'un plutôt que quelqu'un d'autre, c'est le fait que l'auteur fictionnel a connaissance des activités du personnage, Holmes par exemple, et qu'il les inscrit dans le texte que nous lisons, ce qui n'est pas vrai du « Holmes réel », dont Conan Doyle (et le narrateur) ne sait rien par définition. Nous ferions donc semblant que le narrateur a quelqu'un de particulier à l'esprit lorsqu'il nous raconte l'histoire de Holmes – *le* Holmes dont parle l'histoire.

Cette solution pour individuer un ensemble de descriptions est peu satisfaisante dans la mesure où le recours à un narrateur ou à un auteur fictionnel ne sont pas d'un grand secours. En effet, la supposition que le narrateur du récit possèderait des informations sur un personnage, qu'il entretiendrait avec lui un rapport épistémique privilégié ou qu'il parlerait de l'histoire comme d'un fait connu est injustifiée. On ne peut pas attribuer une connaissance directe d'un personnage, c'est-à-dire une perception et une réflexion, à un autre personnage – à moins de postuler que les personnages existent réellement dans un monde possible comme le fait Lewis, ce que se refuse à envisager Currie. Que le narrateur soit souvent supposé omniscient ou qu'il soit fictionnel qu'il connaisse le personnage ne permet en rien d'assurer des pensées *de re* [1]. C'est uniquement

---

1. Des pensées *de re* sont des états mentaux essentiellement relationnels et dirigés vers des objets particuliers. Alors que les pensées *de dicto* sont constituées de concepts fonctionnant dans la pensée comme des conditions générales et ne concernent pas de choses particulières.

une partie du processus de faire-semblant. Si l'on admet qu'il y a bien un mécanisme de faire semblant dans l'individuation d'un personnage, ce qu'il faut expliquer, c'est pourquoi on fait semblant d'avoir un personnage particulier devant les yeux. Autrement dit, on ne peut pas comprendre qu'à la lecture de « Don Quichotte » on fasse semblant qu'il y aurait un personnage, alors qu'à la lecture de « cuirasse » on ne le fasse pas, sans ajouter un élément à l'analyse.

Non seulement les assertions fictionnelles ne fonctionnent pas normalement dans la mesure où elles n'ont pas de référent, mais, de plus, on ne peut comprendre leur sens que si l'on connaît le langage naturel. Autrement dit, l'emploi fictionnel du langage est tributaire ou dérivé de son emploi référentiel habituel. Comment imaginer l'histoire du Petit Chaperon Rouge, par exemple, dans une société sans discours sérieux, c'est-à-dire dans une société où l'extension des concepts « petit », « chaperon » et « rouge » ne serait pas donnée ? C'est pourquoi on peut dire, en quelque sorte, que l'on *importe* ou *emprunte* toute la langue lorsque l'on rédige une fiction. Plus précisément, on emprunte le sens habituel d'un terme (constitué dans le discours référentiel), mais aussi sa nature grammaticale (GN, adjectif, etc.), sa fonction syntaxique (sujet, CV, etc.) et ses propriétés sémantiques (référentialité, marque d'unité-pluralité d'un déterminant, etc.). On assiste à un transfert (quasi automatique) de l'ensemble de nos compétences linguistiques dans la fiction. Par conséquent, la simple présence d'un mot ou groupe de mots ayant la forme d'un nom et se trouvant dans la position syntaxique adéquate mobilise notre connaissance du fonctionnement premier des noms propres et nous invite à le considérer comme un nom, avec les caractéristiques sémantiques qui lui sont habituellement associées[1].

Pour revenir à notre exemple, le faire-semblant spécifique que le nom fictionnel « Don Quichotte », abrégeant un ensemble de descriptions définies, fonctionnerait comme un véritable nom propre n'a de sens que dans le cadre d'un *emprunt* ou d'une *importation* de la référentialité du langage ordinaire. Ce n'est donc pas le mécanisme *psychologique* du faire-semblant qui explique la focalisation sur un individu inexistant, mais la propriété *sémantique* de référentialité que possède une véritable expression singulière, et que l'auteur et le lecteur empruntent dans la fiction (*pragmatique*).

b) La théorie descriptiviste paraît incapable d'expliquer les propriétés modales des individus fictionnels. En effet, il n'a pas l'air possible d'y penser sans contradiction que le porteur du nom aurait pu ne pas avoir telle ou telle propriété. Cependant, il semble vrai dans l'histoire « que l'identité d'Holmes n'est pas attachée à ses exploits en tant que détective. C'est-à-dire qu'il est vrai dans l'histoire que si Holmes n'avait pas fait les choses décrites dans l'histoire, il aurait toujours été Holmes, il aurait toujours été identique à lui-même »[2].

Ainsi, Currie remarque que considérer les noms fictionnels comme des descriptions complexes ne paraît pas rendre compte de nos intuitions à propos des histoires de fiction et de ce qui est vrai en elles. Par exemple, il est vrai dans l'histoire que « *Holmes* pourrait n'avoir jamais fait les choses décrites dans les histoires » (où *Holmes* est supposé être un

---

1. Une idée semblable est défendue par E. Corazza et M. Whitsey dans « Fictions and Ficta », *Dialectica*, 57, 2, 2003, p. 132 *sq.* Ils affirment qu'il n'est pas nécessaire de savoir quoi que ce soit concernant un individu de façon à utiliser un nom, hormis le fait que c'est un nom et qu'un nom est habituellement utilisé pour se référer à un individu. Cette *convention* reliant le nom et son porteur subsisterait dans la fiction.

2. Currie, *op. cit.*, p. 165.

terme référentiel). Il semble donc bien y avoir quelqu'un dont on dit qu'il aurait pu faire autre chose (du football, par exemple). Pourtant, s'il est vrai dans les histoires de Holmes qu'il y a une personne particulière qui est le F (description définie) et pourrait ne pas avoir été le F, il ne faut pas en inférer qu'il y a une personne particulière de qui il est vrai dans l'histoire qu'elle est le F et pourrait ne pas l'avoir été. Autrement dit, il est vrai dans les histoires de Holmes que « Holmes » est le nom propre de quelqu'un, mais il n'y a personne dont il est vrai dans les histoires que « Holmes » est son nom. En faisant cette inférence fallacieuse, il est naturel de penser que ce quelqu'un dont il est vrai dans les histoires que son nom est « Holmes » serait *Holmes*. C'est pourquoi, selon Currie, notre intuition concernant les propriétés modales des individus fictionnels est sans fondement.

c) Si la signification d'un nom fictionnel est donnée par une longue conjonction de descriptions comme le veut cette théorie, il semble alors impossible au lecteur de comprendre la signification d'un nom fictionnel, à moins d'être un lecteur idéal. Il lui faudrait avoir en tête l'ensemble de l'histoire pour comprendre le sens descriptif d'un nom fictionnel, ce qui paraît peu plausible.

Currie admet qu'un énoncé comme « Holmes était un fumeur de pipe » n'est pas sémantiquement indépendant et ne peut exprimer une proposition isolée. En effet, seule l'histoire entière exprime une proposition puisqu'il y a des quantificateurs dont la portée couvre l'ensemble de l'œuvre. Mais, dit-il, les lecteurs ont l'illusion que l'histoire est décomposable en éléments phrastiques, parce que cela fait partie de leur faire-semblant que des expressions comme « Holmes » sont réellement des noms propres. Quand un lecteur normal dit que « Holmes était un fumeur de pipe », il n'entend pas utiliser « Holmes » comme l'abréviation d'une gigantesque description définie, incluant toutes les informations de l'histoire. En fait, il fait semblant qu'il y a un homme que le narrateur connaît et que le texte qu'il lit établit la connaissance par le narrateur de cet homme.

C'est plutôt, nous l'avons vu, *l'emprunt* ou *l'importation* du sens du langage référentiel dans la fiction qui explique qu'un énoncé comme «Holmes était un fumeur de pipe» puisse être lu comme un énoncé unique, avec cette indépendance de signification qu'en fait il n'a pas. La lecture immergée en faire – semblant nous permettant alors d'aller au plus vite du nom à une prétendue personne singulière paraissant jouir d'une certaine liberté.

L'INCOMPLÉTUDE ET LES INFÉRENCES

Au cours d'un récit de fiction, on attribue un certain nombre de caractéristiques à un personnage. Par exemple, Don Quichotte est grand, maigre, il vit en Espagne et aime la Dulcinée du Toboso. Par définition, cette liste de propriétés est limitée par ce qui est dit dans le texte en question. Ce qui n'est pas le cas des caractéristiques des objets de notre monde et notamment de ses habitants, les êtres humains. En effet, chacun d'entre vous, lecteurs, possède un nombre infini (ou du moins indéfini) de traits exprimables par des descriptions définies (taille, poids, couleur de ses yeux, etc.). Alors que si les énoncés du *Don Quichotte* de Cervantes ne disent pas, plus ou moins directement, combien mesure Don Quichotte, nous ne le saurons jamais. Il n'y a pas de moyen épistémique de le découvrir. C'est pourquoi on a l'habitude de dire que les êtres de fiction sont incomplets.

À partir des propriétés d'un personnage, que faut-il accepter comme inférences? Autrement dit, quelles sont les vérités fictionnelles que nous nous autorisons lorsque nous parlons d'une œuvre de fiction?

Les trois grandes approches *de dicto* – de Currie, de Walton, de Lamarque et Olsen – considèrent qu'il faut accorder la vérité à bien plus d'énoncés qu'à ce que dit strictement le texte ou à ce qui en dériverait directement.

Walton prétend, par exemple:

> que les personnages ont du sang dans les veines, parce que ce sont des gens, même si leur sang n'est jamais mentionné, décrit, montré ou peint. Il est fictionnel dans *La Grande Jatte* [de Seurat] que le couple qui se promène mange, dorme, travaille et joue; qu'ils ont des amis et des rivaux, des ambitions, des satisfactions et des déceptions; qu'ils vivent sur une planète qui tourne sur son axe et autour du soleil [...] et ainsi de suite [1].

Currie reconnaît l'incomplétude comme un trait structurel de la fiction. On ne peut pourtant selon lui éviter d'appliquer à n'importe quel personnage des généralités physiologiques et psychologiques sans risquer de ne plus donner un sens au texte. En outre, le lecteur doit décider de l'arrière-plan de l'histoire qu'il lit – arrière-plan bien souvent implicite: « Il est certainement vrai dans les histoires de Holmes que Victoria règne [et] que la Grande-Bretagne est une grande puissance industrielle et économique » [2].

Cela dit, il n'y a pas pour ces auteurs de formule de génération stricte de cet arrière-plan, pas de règles déterminées pour une « réaction autorisée ». Il faut tenir compte de l'auteur, du genre, de la tradition littéraire, du contexte historique, etc. Ils prétendent que c'est une affaire de sensibilité critique. Nous pouvons cependant en appeler à un *principe de vraisemblance* ou *de réalité*, affirment-ils; c'est-à-dire qu'ils font l'hypothèse générale que les états de choses fictionnels

1. *Op. cit.*, p. 142
2. *Op. cit.*, p. 59.

sont comme les états de choses ordinaires sauf indication du contraire et, plus particulièrement, qu'un personnage humain, à moins de raisons pour en douter, est *comme* un être humain.

Il est certes vraisemblable de penser que l'habitude de ce qui se passe dans la réalité supplée psychologiquement aux innombrables lacunes de n'importe quel récit. Ainsi, pour prendre un exemple élémentaire, on ne nous dit pas toutes les deux phrases d'un récit que le héros respire. Sur le modèle de ce qui se passe dans la vie quotidienne, nous pouvons pourtant imaginer (de façon plus ou moins dispositionnelle) que le héros en question respire.

Mais il est contestable de présenter la génération de vérités fictionnelles sur la base d'un «principe de réalité», d'une quelconque vraisemblance ou de ce que croit le narrateur. Nous gagnerions à distinguer deux aspects de la question : d'une part le fait *ontologico-sémantique* que l'objet représenté est nécessairement un objet incomplet, auquel un nombre limité de vérités peuvent être attribuées et, d'autre part, le fait *psychologique* que cet « objet » est souvent, quoique de façon contingente, emprunté à la réalité, et que l'on a tendance à importer les traits de cette dernière dans la fiction.

Un des problèmes, si l'on admettait ce principe de génération des vérités fictionnelles, c'est que l'on se verrait obligé d'accepter non seulement que les personnages d'un tableau ont du sang dans les veines, mais aussi qu'ils peuvent être ou non porteurs du virus de la grippe par exemple. Ce qui est sinon absurde, du moins fortement contre-intuitif.

Pour revenir à l'exemple de la respiration, il ne s'ensuit pas du fait qu'il est fictionnellement vrai qu'un personnage peu entraîné a couru longtemps, qu'il est fictionnellement vrai que ce personnage est essoufflé, ni que ses pulsations cardiaques augmentent, etc. Quelle que soit la plausibilité psychophysiologique de ces inférences, on se trouve avec de telles affirmations hors du cadre du roman. Et il n'y a rien hors du cadre de ce qui est écrit. Ce ne sont pas des zones d'ombre qu'il suffirait d'éclairer. Les propriétés et les actions des êtres de fiction sont nécessairement incomplètes au regard de la densité de ce qui existe et de la succession ininterrompue des événements dans la réalité. Selon une conception littérale ou *immanente* de la fiction, seul le texte doit être conçu comme la source des vérités fictionnelles.

Walton admet que son principe rencontre des difficultés, notamment dans le nombre démesuré d'implications qu'il génère, mais il n'y apporte aucune réponse. Quant à Currie, il propose vaguement de s'en tenir aux « inférences raisonnables », car il pense qu'il y a des degrés de vérité dans la fiction.

LES CONTREPARTIES

Pourtant, on trouve dans nombre de récits des noms propres comme « Napoléon », « Einstein » ou « Proust » qui semblent, respectivement, se référer à l'empereur des Français de 1804 à 1815, au scientifique qui énonça les lois de la relativité et à l'auteur de *La Recherche*. Ces personnages *immigrants* paraissent bénéficier d'un statut particulier dans la fiction dans la mesure où ils seraient complets et feraient référence à des personnes réelles. C'est du moins le point de vue de Currie dans l'extrait reproduit ici et de la plupart des philosophes qui traitent du sujet [1].

On peut penser, au contraire, que toute représentation fictionnelle est un acte feint de référence et que tous les termes

---

1. Voir p. 472 et *The Nature of Fiction*, p. 128 ; Walton, *op. cit.*, p. 79 ; J. Searle, « Le statut logique du discours de la fiction », dans *Sens et expression*, 1979, Paris, Minuit, 1982, p. 116 ; V. Descombes, *Grammaire d'objets en tous genres*, Paris, Minuit, 1983, p. 277.

singuliers figurant dans la fiction ne se réfèrent à rien ni à personne. Pour ce qui est des termes singuliers scripturalement identiques aux véritables noms propres – ces *contreparties* de personnes réelles – il est indéniable qu'ils profitent, d'une façon qu'il faudrait préciser, des propriétés sémantiques de leur pendant dans la réalité.

En fait, c'est l'ensemble d'un texte qui est rendu fictionnel par une sorte d'opérateur de fiction. Cet opérateur est une abstraction conceptuelle, dans le sens où il n'est pas lisible en tant que tel au début de l'œuvre, comme pourrait l'être l'opérateur de possibilité devant une série de propositions d'un manuel de logique. Cet opérateur atypique est l'émanation, nous l'avons vu, d'un besoin de narration et d'une ontologie partagée *via* l'institution littéraire. Le contexte social nous dicte donc une lecture spécifique des textes de fiction, désamorçant toute assertion. Cet opérateur couvre la totalité du texte de fiction qu'il préfixe, puisque les règles qui suspendent le fonctionnement référentiel du langage et, au plus près du texte, les marques paratextuelles (première de couverture, nom de l'édition, de la collection, etc.) ne sont pas altérées au moment où l'on passe, dans le texte, d'un moment narratif à un soi-disant moment référentiel. En outre, comme le disait déjà Roman Ingarden en 1931, si l'on séparait le fictionnel du prétendu référentiel dans une fiction, on voit mal comment on pourrait alors intégrer des parties sémantiquement hétérogènes pour la constitution d'un sens global [1].

C'est pourquoi Balzac, Tolstoï, Stendhal ou Hugo ne peuvent pas parler de Napoléon dans leur œuvre. Quel que soit le matériau utilisé par l'auteur (importé ou créé), une œuvre de fiction est non référentielle. Si un auteur importe un objet du monde réel, et si le lecteur fait le lien entre Napoléon-dans-la-

---

1. *L'œuvre d'art littéraire*, 1931, Lausanne, L'Âge d'Homme, 1983, § 25-26.

fiction et Napoléon, c'est parce tous deux vivent dans la réalité où il y a eu un Napoléon et qu'ils le savent. Ainsi, un lecteur qui ne connaîtrait pas l'empereur et qui lirait les aventures de ce personnage de Balzac comme celles de n'importe quel autre ne commettrait aucun contresens. Il perdrait seulement la richesse introduite par Balzac en faisant allusion à l'empereur. Le lecteur qui, au contraire, lirait l'œuvre de Balzac comme un moment de la biographie de Napoléon serait totalement dans l'erreur, même si ce qui est dit dans l'œuvre correspondait mot à mot à la réalité (hors de portée de l'opérateur fictionnel).

Plus généralement, il n'y a pas d'espace possible pour le discours sérieux dans un texte littéraire. On pourra toujours (se) dire que ce n'est qu'un roman. Ainsi «Napoléon» demeure «Napoléon» dans tous les mondes possibles, mais «Napoléon-dans-la-fiction» dans un énoncé de Balzac, Tolstoï, Stendhal ou Hugo ne fait pas référence à «Napoléon», mais emprunte à «Napoléon» certaines de ses caractéristiques (son nom et quelques descriptions définies).

On ne parle donc pas de Napoléon dans un roman, ce n'est pas de lui qu'il s'agit, on ne fait que l'évoquer. Le but visé par un récit de fiction n'est pas d'affirmer l'existence d'objets ou d'événements, mais de raconter une histoire. Ce but conditionne l'emprunt de Napoléon en tant que matériau fictionnel. Il ne faut pas que le lecteur, ou le spectateur, fasse comme s'il avait devant lui Napoléon ou qu'il s'imagine Napoléon pour jouer à un quelconque jeu de faire-semblant. Il s'agit de lui donner à lire, ou à voir, une œuvre de fiction – en tant que complexe structurel autonome valant par les relations de ses éléments (mots) en premier lieu – dont un des personnages, sur certains points, rappelle certes Napoléon et, ce faisant, pourrait thématiser la gloire, la puissance, etc.

CONCLUSION

En résumé, un nom fictionnel ne désigne pas un individu fictionnel inexistant ou qui existerait dans un monde possible plus ou moins réel, mais il tient lieu d'un ensemble de descriptions dont il est fait semblant qu'elles sont attribuées à un individu particulier.

Cela dit, contrairement au descriptivisme, il m'a paru important de défendre une double ligne théorique, revendiquant également une conception *immanente* du personnage de fiction qui limite au maximum les inférences possibles. Il est difficile de justifier cette conception au-delà de toute critique. Elle découle de l'approche *aspectuelle* et, plus généralement, d'une certaine conception radicale de la philosophie. Mais on peut dire en sa faveur que loin d'être antinomique à une pratique de lecture, elle permet de fonder une *stylistique*. Étant donné les limitations auxquelles un auteur doit nécessairement faire face dans la création de son univers (incomplétude), il est légitime de penser que les traits et caractéristiques choisis sont très importants et guident le lecteur à porter son attention à des éléments spécifiques de l'œuvre.

À son ami Edgar Degas qui lui disait qu'il avait aussi des idées pour faire des vers, Stéphane Mallarmé rétorqua que ce n'est pas avec des idées que l'on écrivait des poèmes, mais avec des mots. Autrement dit, le risque du faire-semblant, ce n'est pas, comme le craignait Platon, le risque d'immersion dans le simulacre, à savoir le risque de prendre la fiction pour la réalité (et vice-versa), mais bien celui de ne pas prendre la fiction (littéraire) pour ce qu'elle est – à savoir une construction de mots.

TEXTE 2

Kendall WALTON
Mimesis as Make-Believe, section 5.2 [*]

Voici un exemple des plus tentants : Charles est en train de regarder un film d'horreur concernant une terrible masse verte et visqueuse. Il se tasse sur son siège lorsque la chose recouvre progressivement mais implacablement la terre, détruisant tout sur son passage. Bientôt une tête graisseuse émerge de la masse ondulante et deux yeux en vrille fixent la caméra. Le monstre, gagnant de la vitesse, glisse en une nouvelle trajectoire vers les spectateurs. Charles pousse un cri aigu et s'agrippe désespérément à son siège. Plus tard, encore ébranlé, il avoue avoir été « terrifié » par le monstre.

En *était*-il terrifié ? Je ne le pense pas. Certes, l'état de Charles est similaire à bien des égards à celui d'une personne effrayée par un véritable désastre imminent. Ses muscles sont tendus, il s'agrippe à son siège, son pouls s'accélère, son taux d'adrénaline augmente. Appelons cet état psychophysiologique *quasi-peur*. Mais seul, il ne constitue pas de la vraie peur.

Le fait que Charles se décrive lui-même comme « terrifié » par le monstre et que d'autres personnes en fassent autant ne

* Cambridge-London, Harvard University Press, 1990, p. 196-199. Le texte est traduit par Lorenzo Menoud.

prouve rien, même si l'on suppose qu'ils sont sincères et, de fait, expriment une vérité. Nous devons savoir si cette description doit être considérée littéralement. Nous ne prenons pas Charles au pied de la lettre lorsqu'il dit : « Il y avait un monstre féroce en liberté. Je l'ai vu venir ». Pourquoi le devons-nous lorsqu'il ajoute : « Oh, comme j'ai eu peur ! » ? Charles peut essayer (sérieusement ou autrement) de nous convaincre de l'authenticité de sa peur en frissonnant et déclarant dramatiquement qu'il était « vraiment terrifié ». Ceci accentue l'intensité de son expérience, mais là n'est pas le problème. Notre question est de savoir si son expérience, quelle que soit son intensité, était une expérience de peur du monstre. Il se peut que ce soit une authentique expérience émotionnelle. Il peut même avoir vraiment eu peur, comme nous le verrons. Mais il n'était pas effrayé par le monstre.

Il est (à peine) concevable qu'un spectateur naïf puisse prendre le film pour un documentaire en direct, un flash d'information décrivant un vrai monstre nous menaçant réellement. Bien entendu, un tel spectateur aurait peur. Mais Charles n'est pas naïf. Il sait parfaitement bien que le monstre n'est pas réel et qu'il n'est pas en danger. Alors comment peut-il en avoir peur ? Il ne serait pas faux de soutenir simplement ce qui suit : craindre quelque chose, c'est en partie se sentir soi-même menacé par elle. Charles ne pense pas qu'il est menacé par le monstre. Donc, il n'en a pas peur.

Que la peur implique nécessairement une croyance ou un jugement que l'objet craint est dangereux est une supposition naturelle que nombre de théories standard de l'émotion reprennent. Il y a pourtant des opinions divergentes qui méritent d'être prises au sérieux. Je vais soutenir qu'être effrayé est dans une certaine mesure semblable à avoir une telle croyance et que l'état de Charles n'est pas pertinemment similaire à la croyance que le monstre le menace ; donc il n'en a pas peur.

Mais supposons, temporairement, que craindre quelque chose, c'est se penser soi-même partiellement menacé par elle. Même alors, il y aurait des objections. Se peut-il que Charles *pense* qu'il est menacé par le monstre, qu'il le croie réel, constituant ainsi un vrai danger? Même s'il est totalement conscient que c'est purement fictionnel, il pourrait aussi, de façon différente ou à un autre «niveau», croire le contraire. Dans des cas comme ceux-là, il a été dit que l'on «suspend son incrédulité» ou qu'une «partie» d'une personne croit quelque chose que le reste ne croit pas ou que l'on accepte ce que l'on sait néanmoins être faux.

Une possibilité est que Charles croie *à moitié* qu'il y a un véritable danger et qu'il en soit au moins à demi effrayé. Croire quelque chose à moitié, c'est ne pas être tout à fait sûr que c'est vrai, mais aussi ne pas être sûr que ce n'est pas vrai. S'il est dit à un enfant que sa maison est hantée, mais qu'il ne sait pas si cette assertion est sérieuse ou pour rire, il peut croire à moitié qu'elle est hantée. S'il le fait, il sera à moitié effrayé par les fantômes qui peuvent ou non y habiter.

Mais Charles n'a *aucun* doute quant au fait d'être ou non en présence d'un monstre réel. S'il y croyait à moitié et en était à demi effrayé, nous attendrions de lui qu'il *tende* à réagir à cette peur de façon normale. Même une croyance hésitante, une simple suspicion que le monstre existe pousserait n'importe quelle personne normale à envisager sérieusement d'appeler la police et d'avertir sa famille, juste au cas où. Charles n'y pense pas du tout. Il n'est pas dans *l'incertitude* quant à la réalité du monstre, il est parfaitement sûr qu'il n'est pas réel. En outre, les symptômes de peur que manifeste Charles ne sont pas ceux d'un simple doute sur la réalité du monstre ni d'un vague sentiment de demi-peur. Ce sont des symptômes de la certitude d'un danger grave et immédiat, et de pure terreur. Le cœur de Charles bat violemment, il cherche son souffle, s'agrippe à son siège jusqu'à ce que ses jointures soient blanches. Ce n'est pas le comportement d'un homme qui fondamentalement réalise qu'il est en sécurité mais souffre de doutes épisodiques. Si ce comportement indique de la peur, il indique une terreur aiguë et irrésistible. Transiger et dire que Charles croit à moitié qu'il est en danger et qu'il en est à demi effrayé, ce n'est pas rendre justice à l'intensité de sa réaction.

Celui qui soutient que Charles est en danger pourrait prétendre qu'il a non pas une croyance hésitante, faible ou partielle, mais plutôt une croyance d'une certaine espèce – un sentiment « viscéral » qui s'opposerait à un jugement « rationnel ». Comparez ce cas à celui d'une personne qui déteste voler. En un sens, Aaron a conscience que les avions sont (relativement) sûrs. Il affirme, honnêtement, qu'ils le sont et peut même citer des statistiques pour le prouver. Pourtant, il évite de voyager en avion autant que possible. Il est très doué pour imaginer des prétextes. S'il doit prendre un avion, il devient nerveux et se trouble. Peut-être qu'Aaron croit, à un niveau « viscéral », que voler est dangereux en dépit de sa conviction « rationnelle » du contraire. Et il peut avoir vraiment peur de voler.

Mais le cas de Charles est différent. Aaron accomplit des actions *délibérées* que l'on attendrait de quelqu'un qui pense que voler est dangereux ou, du moins, il est fortement enclin à accomplir de telles actions. S'il ne renonce pas vraiment à voyager par les airs, il a une forte propension à l'éviter et, une fois à bord de l'avion, il doit combattre sa tentation d'en sortir. Mais Charles ne souhaite même pas quitter la salle de cinéma ou appeler la police. Les seuls signes qui pourraient donner à penser qu'il croit vraiment qu'il est en danger sont ses réactions involontaires, plus ou moins automatiques : son pouls palpitant, ses paumes moites, son estomac noué, un cri spontané. Ceci justifie de traiter ces deux cas différemment.

COMMENTAIRE

Au cours du chapitre 5 de son livre *Mimesis as Make-Believe*, Kendall Walton s'interroge sur les relations entre le monde réel et les mondes fictionnels. À première vue, elles semblent asymétriques. D'une part, ces mondes seraient séparés par une barrière logique ou métaphysique puisque nous ne pouvons pas entreprendre la moindre action *physique* dans la fiction – ni sauver Robinson Crusoé ni conseiller Emma Bovary. D'autre part, notre accès épistémologique aux mondes fictionnels nous permettrait d'entrer en contact *psychologique* avec les personnages de fiction. Nous connaissons les pensées et les sentiments les plus privés des personnages et nous réagissons à ce que nous apprenons comme nous réagirions dans le monde réel. Nous avons pitié d'Anna Karénine, nous sommes terrifiés par le monstre de Frankenstein et admirons Spiderman. Les personnages fictionnels nous font rire, pleurer, crier ou nous empêchent de dormir. La barrière entre les mondes paraît donc être sélective : physiquement infranchissable, elle serait psychologiquement perméable.

Cette description ne convient pas à Walton dans la mesure où les relations psychologiques et physiques sont trop dépendantes les unes des autres pour faire l'objet d'un traitement différencié. En outre, dans certains jeux d'enfants, il n'y a pas une pareille asymétrie. Lorsque Julie joue à la poupée, elle est tout autant capable de nourrir son bébé et de le coucher que de l'aimer et d'être préoccupée par son bien-être. Walton va donc examiner avec minutie ces relations pour tenter d'unifier sa réponse.

Si son analyse des relations physiques confirme son impression première, c'est-à-dire que toute interaction entre les mondes est exclue, il conclut que nous ne pouvons pas avoir de véritables attitudes psychologiques envers les personnages, car nous aurions alors des émotions sans objet. Mais qu'est-ce qu'une émotion ?

La nature des émotions

Imaginez un homme qui travaille au champ et qui voit un tourbillon à l'horizon. Il réalise que c'est un cyclone. Les battements de son cœur augmentent. Il se sent faible. Il a peur. Troublé, il peine à se concentrer sur sa tâche. Il pose ses outils et court pour avertir les siens. En généralisant à partir de cet exemple, on peut isoler les traits suivants :

1) la perception d'un objet
2) des pensées, croyances et désirs concernant cet objet
3) des processus corporels
4) des sensations corporelles
5) des sentiments
6) un bouleversement général d'esprit ou de corps
7) une tendance à agir.

À partir de ces facteurs, on distingue deux grandes approches philosophiques de la nature des émotions.

À l'origine de la première, on a toute une histoire, celle de la *théorie du sentiment* (*feeling theory*) selon laquelle une émotion n'est rien d'autre qu'une perturbation physique ressentie comme une sensation ou un ensemble de sensations. La croyance n'est pas un constituant de l'émotion, bien qu'elle puisse provoquer des sensations. La nature de l'émotion est complètement accessible par l'introspection sous réserve d'aucune autre approche puisque la seule façon de savoir ce qu'est une émotion, la peur par exemple, c'est de réellement expérimenter ce sentiment qu'est la peur. Des philosophes comme Descartes, Hume ou James ont défendu une version de cette théorie.

La seconde théorie, dite *évaluative*, insiste au contraire sur l'aspect cognitif de l'émotion. Une émotion est une sorte particulière de pensée, de jugement ou d'évaluation. Elle implique des croyances et des pensées à propos des propriétés des objets et des situations. Ces croyances ne sont pas seulement factuelles, « il y a un loup qui vient vers moi », mais également évaluatives, « ce loup est dangereux pour moi ». L'émotion est souvent liée à un comportement spécifique. Ainsi, je n'ai pas peur à moins que je considère le loup en question comme dangereux et que je cherche à le fuir.

Chacune de ces théories comporte des limites. La théorie du sentiment est inadaptée pour au moins deux raisons. D'abord, elle néglige le fait qu'une émotion, à la différence d'une sensation, possède un objet. En effet, j'ai peur *de* quelque chose, j'ai pitié *de* quelqu'un, etc. Au contraire, je peux avoir une sensation identique à celle que j'ai quand j'ai peur en prenant des médicaments, i.e. sans être dans un état émotionnel du tout. Ensuite, il est impossible de déterminer sur la base de processus et de sensations corporelles une et une seule émotion, qui plus est chez tous les hommes. Aucune sensation ou groupe de sensations ne sont donc corrélés de façon biunivoque à une émotion. J'aurai mal au ventre quand j'ai peur alors que d'autres n'auront que la bouche sèche ou les mains moites, mais ils auront mal au ventre lorsqu'ils ont

honte ou sont embarrassés. Quant à la théorie purement évaluative, elle est incapable de rendre compte de l'aspect émotionnel de nos expériences. Autrement dit, une évaluation ou
un jugement peuvent être émotionnels ou non. Deux personnes qui voient une situation dangereuse et la reconnaissent
comme telle n'ont pas nécessairement les mêmes émotions –
l'une pourra avoir peur et l'autre pas. Avoir peur ne consiste
donc pas seulement à concevoir quelque chose comme dangereux, puisque le degré de peur peut varier sans que l'évaluation
ne varie.

Si l'on en croit nombre de philosophes[1], il existe une
option intermédiaire, un juste milieu entre ces deux théories
extrêmes qui combinerait leurs avantages respectifs – la
théorie *cognitive* des émotions. Selon elle, une émotion possèderait ainsi une double dimension physique et cognitive. Ce
ne serait pas un simple conglomérat de facteurs, mais une structure ou un complexe ordonné d'éléments entretenant notamment des relations causales les uns avec les autres. Par exemple,
lorsque j'ai peur d'un loup, je suis dans un certain état
physique – il se peut que j'aie la bouche sèche et que mon pouls
s'accélère. Cet état physique a été causé par mon état cognitif,
ma pensée, ma croyance qu'il y a un loup qui s'approche, que
cette situation est dangereuse et mon désir de l'éviter.

Cependant, à l'encontre de cette théorie, il semblerait que
certaines émotions n'aient pas d'objet intentionnel – par
exemple, lorsque que l'on est anxieux ou que l'on nous fait
sursauter. Alex Neill propose de considérer de tels cas comme
des humeurs ou des réactions réflexes plutôt que comme de

---

1. W. Alston dans *The Encyclopedia of Philosophy*, New York-London,
Macmillan, 1967 ; N. Carroll, *The Philosophy of Horror*, New York-London,
Routledge, 1990 ; J. Levinson, « Emotion in Response to Art » dans *Emotion
and The Arts*, M. Hjort et S. Laver (eds.), New York-Oxford, Oxford University
Press, 1997 ; R. Yanal, *Paradoxes of Emotion and Fiction*, Pennsylvania, The
Pennsylvania State University Press, 1999.

véritables émotions. En outre, ne pas avoir un objet défini d'émotion ne signifie pas que l'émotion n'est pas intentionnelle. Je peux avoir peur *de* quelque chose, à savoir de commencer un nouveau travail, même si je ne suis pas capable d'identifier l'objet spécifique de ma peur[1].

Il semblerait que l'on puisse également avoir des émotions sans croyance lors de phobie ou de dépression. Ainsi, une personne saura que les araignées ne sont pas dangereuses et pourtant elle en aura peur. Mais il paraît éminemment contestable de raisonner à partir de situations pathologiques ou, du moins, anormales. L'émotion est alors indépendante du jugement et c'est justement ce qui nous fait dire qu'elle est « irrationnelle » ou « ridicule ».

LE PARADOXE DE LA FICTION

Walton paraît donc justifié dans son refus d'accepter qu'un spectateur ou un lecteur puisse ressentir de véritables émotions pour les personnages de fiction dans la mesure où il n'y a aucun objet existant sur lequel porteraient nos attitudes propositionnelles. Le problème posé par Walton a souvent été énoncé sous forme d'un paradoxe dont les trois propositions paraissent indépendamment acceptables, mais qui sont incompatibles entre elles :

1) Nous éprouvons des émotions pour des objets fictionnels (personnages ou situations).

2) Éprouver des émotions pour des objets présuppose que nous croyions en l'existence de ces objets.

3) Nous ne croyons pas à l'existence des objets fictionnels.

On a proposé de nombreuses solutions à ce paradoxe : tout d'abord, de conserver chacun des énoncés qui le constituent et

---

1. Voir A. Neill, « Fear and Belief », *Philosophy and Litterature*, 19, 1995.

d'assumer ainsi l'irrationalité de nos pratiques esthétiques. Ensuite, certains philosophes ont imaginé qu'il y avait des états spécifiques dans notre commerce avec la fiction qu'ils ont appelé *quasi-émotions*, niant ainsi (1). D'autres ont contesté (2), ou du moins ont cherché à dissoudre le paradoxe en prétendant qu'il existait dans la fiction des liens plus souples entre émotion et croyance que ceux décrits par la théorie cognitive. Enfin, il est arrivé que l'on défende l'illusionnisme cognitif, c'est-à-dire l'idée selon laquelle nous serions pris par ce que nous voyons ou lisons au point d'y croire – refusant (3). Mais reprenons en détail chacune de ces options.

MAINTENIR LE PARADOXE

Tout a commencé en 1975 avec un article de Colin Radford[1] dans lequel il aborde chacune des propositions du paradoxe et montre qu'aucune d'entre elles ne peut être contestée. Il soutient, d'abord, que nous éprouvons de véritables sentiments à la mort d'Anna Karénine ou à celle de Mercutio et pas « des larmes de crocodile » – même si notre réaction à une vraie mort diffère souvent en intensité et en durée. Cela se confirme par le fait que nous avons une tendance à réagir à nos émotions, en fermant les yeux, le livre ou en quittant la salle de cinéma, par exemple. Conjointement à cela, Radford défend l'idée que l'on ne peut être touché par la situation douloureuse de quelqu'un que si l'on croit que quelque chose de terrible lui est arrivé. Il démontre la nécessité de telles croyances existentielles de la façon suivante : imaginez que vous buviez un verre avec un homme qui vous raconte

1. « Comment pouvons-nous être émus par le destin d'Anna Karénine ? », dans J.-P. Cometti, J. Morizot et R. Pouivet (éd.), *Textes Clés d'esthétique contemporaine*, 1975, Paris, Vrin, 2005, p. 327-345.

une histoire poignante concernant sa sœur. Vous en êtes navré. Après avoir observé avec plaisir votre réaction, il vous confie qu'il n'a pas de sœur, qu'il a inventé toute l'histoire. Dans ce cas, vous ne ressentirez plus ce que vous ressentiez (mais peut-être de l'embarras ou de la colère d'avoir été trompé). Pour terminer, considérer que nous serions « pris » par l'histoire que nous lisons ou voyons au point de croire à l'existence des personnages, ce serait nous considérer comme des enfants, dit-il. Généralement, nous sommes conscients que ce que nous lisons ou regardons implique des êtres fictionnels. Sinon, comment expliquer que nous ayons parfois du plaisir à voir des choses horribles ? C'est aussi pour cette raison que nous n'intervenons pas lorsque dans une pièce de théâtre, par exemple, un personnage sympathique est en danger.

C'est pourquoi, le fait « que nous soyons émus par des œuvres d'art implique, chez nous, inconsistance et incohérence » conclut Radford, même si cela nous paraît fort « naturel »[1]. Il trouve cependant un soutien à sa thèse dans l'idée qu'il y a d'autres situations dans lesquelles les hommes sont irrationnels, par exemple lorsqu'ils croient que la mort n'est qu'un sommeil sans rêve et en ont néanmoins peur.

Un grand nombre de critiques ont été apportées au point de vue de Radford pendant les trente années écoulées et aucun autre philosophe ne l'a partagé.

En fait, tout dépend de notre conception de la rationalité. Autrement dit, il se pourrait que nous acceptions chacune des trois propositions du prétendu paradoxe et que nous considérions néanmoins cette attitude comme une réaction totalement normale et rationnelle, qui s'expliquerait par la psychologie cognitive notamment. Ainsi, Neill demande à Radford pourquoi la stratégie qui attribue l'irrationalité aux êtres

---

1. *Op. cit.*, p. 344-345.

humains est-elle privilégiée et pas « de dernier recours » [1]. Ne vaudrait-il alors pas mieux tenter d'expliquer ce fait « naturel d'être touché par des œuvres d'art » dont parle Radford lui-même plutôt que le rejeter dans les oubliettes de la raison ? C'est ce à quoi s'attacheront les trois théories que nous allons présenter.

LA THÉORIE DE L'ILLUSION

Cette théorie est généralement attribuée à Samuel Coleridge et à son fameux « *willing suspension of disbelief* », c'est-à-dire au fait que nous suspendrions volontairement notre incrédulité à l'égard de la fiction. Nous serions immergés dans la fiction, comme dans un rêve, écrit Coleridge. Plus précisément, la théorie de l'illusion affirme que lorsque nous lisons ou voyons de la fiction, nous sommes tellement absorbés que nous croyons que les personnages existent. Selon elle, nous serions momentanément trompés ou oublieux du contexte fictionnel. Des locutions usuelles comme « être pris dans », « être captivé par » ou « être immergé dans » la fiction témoignent qu'une telle conception est très répandue. Cependant, rares sont les philosophes contemporains qui l'ont défendues. Il y a de bonnes raisons à cela.

Aux trois critiques de Radford, on peut ajouter que la théorie de l'illusion fait peu de cas de notre lien à la réalité. Comme le dit Walton dans l'extrait choisi, Charles n'a « *aucun* doute quant au fait d'être ou non en présence d'un monstre réel […] il est parfaitement sûr qu'il n'est pas réel » [2].

---

1. « Emotional Responses to Fiction », *The Journal of Aesthetics and Art Criticism*, 53, 1, 1995, p. 76. Quant à Yanal, il distingue cinq formes d'irrationalité et montre que nos réactions émotionnelles à la fiction ne peuvent pas être considérées comme irrationnelles, *op. cit.*, p. 19-30.

2. *Op. cit.*, p. 198.

Et même si l'on admettait qu'il est possible de perdre momentanément le contact avec la réalité, cette immersion serait trop brève pour susciter des réactions émotionnelles souvent prolongées aux personnages et événements fictionnels. Ainsi, comment expliquer la pitié que nous ressentons pour Madame Bovary tout au long du livre – voire après l'avoir refermé ?

À la version de Coleridge, « *willing suspension of disbelief* », on peut également objecter le fait qu'elle impliquerait une grande capacité à manipuler nos propres émotions, c'est-à-dire que nous pourrions *vouloir croire* quelque chose. Mais les croyances ne sont pas des attitudes propositionnelles contrôlables. Croire n'est pas quelque chose que nous ajouterions par un acte volontaire aux propositions que nous comprenons ; c'est, au contraire, quelque chose qui nous arrive.

Enfin, une telle théorie paraît ne s'appliquer qu'aux fictions visuelles et pas à la littérature. En effet, il est difficile de défendre l'idée que nous en viendrions à croire à l'existence d'un monstre dans un livre. Alors qu'il est plus plausible en regardant un film d'horreur, par exemple, de croire que des zombies sont véritablement à proximité. Le son, l'image, mais aussi le montage ou le rythme d'un film nous placent dans une situation perceptuelle très semblable à celle que nous expérimentons en réalité et font ainsi bien mieux illusion qu'une lecture, aussi « imaginative » soit-elle.

Pour toutes ces raisons, la théorie de l'illusion semble incapable de résoudre le paradoxe de la fiction – la réponse devant alors se trouver dans la négation de (1) ou de (2).

LA THÉORIE DES QUASI-ÉMOTIONS

Dans l'extrait reproduit ici, Walton met en scène le spectateur d'un film d'horreur, Charles, pour démontrer qu'il ne ressent pas de la peur mais de la *quasi-peur*, malgré les apparences physiologiques et ses propres affirmations. Il va donc s'attaquer au premier énoncé du paradoxe selon lequel nous éprouverions des émotions pour les personnages de fiction. Mais alors, si Charles ne ressent pas de la peur en voyant le monstre s'avancer vers lui, comment décrire ses sensations?

Son argumentation dans cette section 5.2. est essentiellement critique. À partir de l'«hypothèse naturelle» que «la peur implique nécessairement une croyance ou un jugement que l'objet craint est menaçant» (p. 197), à savoir la seconde proposition du paradoxe, il rejette différentes versions de la théorie de l'illusion – les croyances partielles, les croyances viscérales et les croyances momentanées en l'existence du monstre. Il terminera cette section en réfutant les théories selon lesquelles l'émotion ne requerrait ni croyance ni action (p. 200-204).

Mais quelle est sa propre conception? et comment se rattache-t-elle à ce que nous avons vu de sa théorie du faire-semblant? Sa réponse a été donnée à de nombreuses reprises dans différents articles et dans la première section du chapitre 7 de *Mimesis as Make-Believe*[1].

Selon Walton, Charles participe psychologiquement à un jeu de faire-semblant. Il n'est donc pas vrai qu'il a peur du monstre, mais il est fictionnel qu'il le craint. Walton compare

---

1. « Fearing Fiction », *Journal of Philosophy*, 75 : 1, 1978, p. 5-27, repris dans *Aesthetics and the Philosophy of Art*, p. 307-319; « How Remote are Fictional Worlds from the Real World », *Journal of Aesthetics and Art Criticism*, 37 : 1, 1978, p. 11-23; « Appreciating Fiction : Suspending Disbelief or Pretending Belief », *Dispositio*, t. V, n° 13-14, 1980, p. 1-18; « Spelunking, Simulation and the Slime » dans *Emotion and The Arts*, p. 37-49.

l'exemple de Charles avec celui d'un enfant qui jouerait avec son père. Le père ferait le monstre et le petit Timmy s'enfuirait en hurlant dans la maison. L'enfant est parfaitement conscient que son père ne fait que jouer. Il n'a pas réellement peur. Mais il est fictionnel qu'il a peur. Fictionnellement le monstre l'attaque et fictionnellement Timmy est en danger de mort et le sait. De la même façon, selon Walton, quand le monstre relève la tête, fixe la caméra et commence à avancer, il est fictionnel dans le jeu de Charles qu'il est effrayé. Et lorsqu'en conséquence il saisit et serre son siège, fictionnellement il est effrayé. Charles est un acteur et un objet dans son jeu. C'est un support réflexif qui génère des vérités fictionnelles le concernant. Le monde de son jeu comprend des vérités fictionnelles produites par les images cinématographiques, le monde du film, mais aussi des vérités fictionnelles générées par Charles et sa relation aux images, parmi lesquelles des vérités fictionnelles le concernant. Pourtant, à la différence d'un acteur, il se représente lui-même (et pas quelqu'un d'autre) et les vérités fictionnelles le concernant sont générées par ses pensées et ses sensations (et pas par son comportement ou sa façon de jouer). C'est en partie le fait qu'il se trouve en état de quasi-peur, que son cœur bat violemment, que ses muscles se tendent, etc. qui rend fictionnel qu'il a peur.

D'après Walton, la quasi-peur de Charles n'est pas seule responsable du fait que fictionnellement c'est de ce monstre dont il a peur, ni même du fait qu'il est fictionnellement effrayé, plutôt que fâché ou simplement bouleversé. Les (véritables) croyances de Charles jouent aussi un rôle. Charles croit, en fait il le sait, que fictionnellement (ou pour faire semblant) le monstre l'attaque et qu'il est en danger. Sa quasi-peur résulte de cette croyance. Cette croyance rend également fictionnel que c'est ce monstre qui est l'objet de sa peur. Et ce qui rend fictionnel que Charles est effrayé (et pas en colère), c'est le fait que sa quasi-peur est causée par la croyance que fictionnellement il est danger. Ce qui peut se schématiser ainsi :

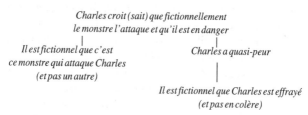

Autrement dit, le fait que les émotions présupposent des croyances existentielles rend impossible le fait que nous puissions avoir des émotions dans la fiction. Qui plus est, les émotions ont des conséquences motivationnelles ou comportementales qui ne sont pas présentes avec la fiction. Dans l'extrait cité, Walton insiste sur la différence entre Charles et Aaron, à savoir le fait que ce dernier agit délibérément. Ce n'est pas le cas de Charles qui ne quitte pas le cinéma ni n'appelle la police. Ses réactions corporelles sont involontaires. Ce qui explique leur différence de comportement, c'est le fait que dans un cas on peut associer des croyances ou des désirs à des actions et pas dans l'autre. Aaron pense que l'avion est dangereux et désire vivre, alors que les réponses automatiques de Charles ne nous permettent pas de penser qu'il a des raisons de suer, de trembler, etc.

Walton soutient qu'il en va de même pour les autres émotions. Nous n'avons littéralement pas pitié d'Emma ni n'admirons Spiderman, puisque nous savons que les objets de ces prétendues émotions n'existent pas. Ainsi, la pitié implique la croyance (ou le jugement ou l'attitude) que celui que l'on plaint souffre réellement de malheurs, l'admiration suppose que celui que l'on admire est admirable et, conséquemment, requiert la conscience de l'existence de leur objet respectif.

Un très grand nombre de critiques ont été apportées à la théorie de Walton[1]. Nous pouvons les classer en deux catégories : a) celles qui contestent la comparaison de nos réactions émotionnelles aux jeux des enfants et b) celles qui s'opposent directement à la notion de quasi-émotions.

Mais avant de commencer, remarquons que l'exemple de Walton n'est pas paradigmatique de nos réactions de peur devant la fiction. En effet, il est plutôt rare, voire impossible, d'avoir peur pour soi-même d'un être de fiction. Générale-ment, on a plutôt peur pour un personnage. Un tel exemple permet cependant à Walton de formuler sa réponse au para-doxe de la fiction, car il place d'emblée le spectateur en rapport avec le film et accrédite ce faisant sa thèse selon laquelle imaginer implique que l'on s'imagine soi-même.

a) Contrairement à ce qu'affirme Walton, les émotions que nous éprouvons dans notre commerce avec la fiction n'ont rien à voir avec les jeux des enfants, ni avec le jeu d'un acteur qui se représenterait lui-même. La peur qu'éprouve Charles n'est pas semblable à la peur feinte d'un enfant comme Timmy, par exemple. Lorsque Timmy fuit son père et crie, il est conscient de jouer à un jeu et serait, le cas échéant, capable d'en donner

---

1. Voir notamment D. Novitz, *Knowledge, Fiction and Imagination*, Philadelphia, Temple University Press, 1987 ; Carroll, *op. cit.* ; P. Lamarque, « Peur et pitié », 1981, dans J.-P. Cometti, J. Morizot et R. Pouivet (éd.), *Textes Clés d'esthétique contemporaine*, *op. cit.*, p. 377-411 et *Fictional Points of View*, Ithaca-London, Cornell University Press, 1996, p. 113-134 ; A. Neill, « Fear, Fiction and Make-Believe », *The Journal of Aesthetics and Art Criti-cism*, 49, 1, 1991, p. 47-56 ; R. Moran, « The Expression of Feeling in Imagina-tion », *Philosophical Review*, 103, p. 75-106 ; S. Säätelä, « Fiction, Make-Believe and Quasi Emotions », *The British Journal of Aesthetics*, vol. 34, 1, 1994, p. 25-34 ; G. Hartz, « How Can We Be Moved by Anna Karenina, Green Slime and a Red Pony », *Philosophy*, 74, 1999, p. 557-578 ; Yanal, *op. cit.*

les règles implicites (et son partenaire de les comprendre). C'est ce qu'il fait lorsqu'il dit : « jouons au monstre ». Mais il n'en va pas de même avec la fiction. Quelles seraient les règles du jeu de lire ? et si le fait de lire un roman ou de regarder un film de science-fiction était considéré comme une forme *sui generis* de jeu, en quoi différerait-elle du cas où l'on lirait ou verrait un documentaire ?

De plus, si la peur de Charles était une émotion feinte, il devrait pouvoir être ému à volonté. Mais ce n'est pas le cas. En tant que spectateurs, nous ne pouvons pas décider d'avoir peur à la projection d'un film d'horreur raté ou, au contraire, nous empêcher d'avoir peur à la vision d'un film terrifiant. La théorie de Walton est donc incapable de rendre compte de la nature des œuvres et, partant, des émotions qu'elles suscitent ou non, puisqu'elle les considère toutes – sans discrimination qualitative – comme des supports dans des jeux de faire-semblant générant des vérités fictionnelles.

Plus fondamentalement, notre expérience avec la fiction ne ressemble en rien aux jeux des enfants. Les consommateurs de fiction ne sont ordinairement pas dans des états où ils feindraient d'avoir des états émotionnels, ils croient qu'ils sont véritablement excités, amusés, apeurés par les exploits des personnages de fiction. La peur feinte ou la peur par jeu est donc phénoménologiquement différente de la peur que Charles ressent. C'est la peur que nous avons lorsque nous allons dans les maisons hantées des parcs d'attraction, une peur souvent mêlée de sursaut et de fou rire. Ainsi, parce que le concept de quasi-émotion traite comme contingente une dimension bien réelle de notre rapport ordinaire à la fiction, à savoir son aspect affectif, elle n'est pas en mesure d'expliquer de manière convaincante nos réactions émotionnelles aux fictions.

Une des explications de l'erreur de Walton est qu'il utilise sans justification l'opérateur « il est fictionnel que » dans sa portée la plus large [1] de façon à ce que les gens entrent dans les mondes fictionnels, qu'ils soient eux-mêmes des participants et pas de simples spectateurs.

Le problème, c'est que pour expliquer nos réactions émotionnelles à la fiction dans l'usage le plus large de l'opérateur, l'opérateur fictionnel ne doit pas être étanche – sinon on ne comprendrait pas que Charles n'arrive pas à dormir après avoir vu le film, par exemple. Et s'il n'est pas étanche, s'il admet que certains sentiments « transpirent » et affectent la vie réelle de Charles, alors nous avons considérablement affaibli l'utilité d'une lecture à large portée.

b) La seconde batterie d'arguments contre Walton porte plus précisément sur la notion de quasi-émotion et sur son lien avec la croyance et le faire-semblant. Tout d'abord, il est contestable de considérer la dépendance entre émotion et croyance comme relevant du « sens commun » ou d'une « supposition naturelle » [2]. Dans le cas de la peur, il y a en effet nombre de situations qu'il est possible de redécrire en termes de réactions involontaires, comme le sursaut, la répulsion ou le choc. L'existence ou la non-existence d'un objet intentionnel est alors peu pertinente. Et aucune redescription technique en termes de faire-semblant n'est nécessaire. Ainsi, Neill, bien qu'il accepte la théorie cognitiviste, pense que nos soi-disant peurs peuvent être redécrites sans dommage comme des états indépendants des croyances (sursaut, etc.). La théorie de Walton ne peut pas plus expliquer le fait que certaines émotions comme le désir ou l'excitation sexuels ne requièrent aucune croyance existentielle dans leur objet. Enfin, il est

1. Par exemple, « il est fictionnel que Charles croit que le monstre l'attaque » plutôt que « Charles croit qu'il est fictionnel que le monstre l'attaque ». Voir P. Lamarque, « Essay Review [of Kendall Walton's *Mimesis as Make-Believe*] », *The Journal of Aesthetics and Art Criticism*, 49, 2, 1991, p. 161-166 ; et Säätelä, *op. cit.*

2. « Fearing Fictions », p. 6 et *Mimesis as Make-Believe*, p. 197.

fréquent lors d'expériences en laboratoire que les psycholo-
gues utilisent des histoires pour tester ou susciter des émotions
chez leurs sujets, histoires dont le statut n'est pas pertinent
pour juger de leurs réactions émotionnelles [1].

Et même si l'on admettait que faire semblant implique que
nous ayons des quasi-émotions, pourquoi associer alors
l'augmentation de l'activité cardiaque de Charles à de la
quasi-peur et pas à du quasi-amour ? Walton prétend que c'est
parce que Charles croit que fictionnellement le monstre l'attaque et qu'il est en danger. Mais quel est le lien entre faire
semblant que le monstre l'attaque et être fictionnellement en
danger ? pourquoi le jeu ne prescrit-il pas plutôt qu'il soit
fictionnellement amoureux ?

En fait, dans de telles situations nous réagissons selon
notre caractère. Par exemple, notre réponse à la trahison de
Claudius est réelle, elle ne se situe pas au même niveau que
les autres vérités fictionnelles de la pièce de Shakespeare.
Contrairement à ce qu'affirme Walton dans l'extrait cité [2], il ne
faut pas comparer nos réactions aux vérités fictionnelles qui
constituent le monde de l'histoire, à nos attitudes exprimées
dans nos réponses émotionnelles aux fictions. S'il n'est pas du
tout gênant pour une personne de croire telle ou telle vérité
fictionnelle, il pourrait être gênant pour elle de découvrir ce
qu'elle ressent dans une histoire. Nos réactions émotionnelles
à la fiction seraient difficiles à comprendre si ce qu'une
personne ressent était aussi éloigné de son véritable tempé-
rament que les événements racontés le sont de ce qu'elle croit
du monde. Quant on voit un film à l'idéologie douteuse, on ne
ressent pas les quasi-émotions que devrait nous faire ressentir
le film, mais plutôt une véritable émotion de colère devant un
tel spectacle. Cette différence de réaction s'explique par le fait

---

1. Voir Hartz, *op. cit.*, p. 570.
2. *Op. cit.*, p. 197.

que les mondes sont sémantiquement (et pragmatiquement) imperméables, mais psychologiquement perméables[1]. Il est alors « plus satisfaisant de faire entrer les personnages fictionnels dans notre monde […] car c'est *dans le monde réel* que nous interagissons psychologiquement avec [eux] », plutôt que de penser comme Walton que « nous finissons par atteindre "le même niveau" que les fictions »[2].

Certes, la différence entre nos réactions comportementales aux situations de la vie réelle et aux fictions semble constituer un argument majeur en faveur de la théorie de Walton. Néanmoins, dans certaines situations réelles, il est difficile de déterminer si c'est la croyance ou l'émotion qui provoque une telle réaction. Il se pourrait, par exemple, que des sensations désagréables soient un motif suffisant pour fuir. La situation réelle ne se distinguerait alors pas de la fiction. Il faut également atténuer cette opposition en remarquant que toute croyance n'implique pas nécessairement une action. En effet, je peux vraiment avoir pitié de quelqu'un et ne rien faire pour le secourir ou je peux tomber amoureux d'une *star* de cinéma sans ne rien entreprendre. Pour que ces différentes réactions soient des « animaux » d'espèces différentes, comme le prétend Walton, il faudrait que toutes les émotions envers les choses réelles soient motivationnelles et toutes celles envers la fiction

---

1. Au contraire, R. Pouivet soutient que comprendre une fiction est analytiquement lié au fait de ressentir des émotions dans la fiction. Selon lui, pour être fictionnellement compétent, il ne faut donc pas seulement être capable de faire fonctionner des expressions non dénotantes, mais également savoir y réagir émotionnellement ; voir « Émotions, fictions et vertus », *Revue francophone d'esthétique*, 2, 2004, p. 88 *sq.* Cette exigence est exclusive et bien trop forte. En outre, elle ne correspond pas au sens habituel de « comprendre le sens d'un texte ou d'un film ». Il se peut que les « cœurs secs » soient des « handicapés esthétiques », mais on ne peut pas pour autant leur nier la compréhension d'une œuvre (pas plus qu'aux « âmes trop sensibles »).

2. Lamarque, « Peur et pitié », p. 381 ; Walton, « Appreciating Fiction : Suspending Disbelief or Pretending Belief », p. 15.

ne le soient pas, ce qui n'est pas le cas. Il est vraisemblable
cependant que si Charles était face à un vrai monstre, il s'enfuirait ou appellerait la police, ce qu'il ne fait pas devant le film.
En réponse, Robert Yanal distingue la force motivationnelle
de l'opportunité de l'exercer. Je pourrais avoir envie de conso-
ler le roi Lear, mais ne pas avoir l'opportunité de le faire[1]. Il
compare une telle situation à celle d'un monde parallèle au
nôtre, mais séparé par une glace sans tain infranchissable.
Nous éprouverions des émotions pour les personnes que nous
verrions de l'autre côté de la glace, sans pourtant avoir l'opportunité de les manifester. Autrement dit, nos réactions émotionnelles à la fiction peuvent avoir une force motivationnelle qui
ne peut jamais s'exercer, car nous reconnaissons l'impossi-
bilité métaphysique d'interagir avec ce qui n'existe pas –
comme lorsque nous voudrions dire à une personne décédée
qu'on l'aime. Richard Moran va justement proposer que nous
assimilions nos réponses émotionnelles à la fiction à d'autres
situations non réelles qui ne semblent pas poser de problèmes
et qui sont, par conséquent, communément acceptées : les
émotions pour des faits ou des situations modales, *i.e.* qui
auraient pu se passer, des émotions empathiques ou des
émotions à l'évocation de souvenirs[2]. Enfin, il se pourrait que
nous accomplissions de véritables actions dans la fiction,
lorsque nous nous enfonçons dans notre siège, fermons les
yeux, masquons tout ou partie de l'écran de notre main, nous
cachons derrière notre voisin, partons aux toilettes ou quittons
tout bonnement la salle de cinéma. Il est difficile de soutenir,
comme Walton, que ce ne serait là que des actions involontaires. Ce sont de véritables actions motrices, certes différentes

1. Hartz quant à lui pense que Charles a le désir de fuir le monstre – désir
dont il n'est que vaguement conscient et qui s'oppose au désir majeur de rester
et de regarder le film, *op. cit.*, p. 563 *sq.*
2. Moran, *op. cit.*, p. 78.

de celles que nous aurions dans des situations réelles. Nous comprendrons mieux pourquoi dans la prochaine section.

Ainsi, pour ces trop nombreuses raisons, la théorie des quasi-émotions proposées par Walton ne peut pas résoudre le paradoxe de la fiction.

LA THÉORIE DE LA PENSÉE

La théorie de la pensée (*thought theory*) conteste la seconde proposition du paradoxe, à savoir la thèse cognitiviste qui dit qu'éprouver des émotions pour des objets présupposerait que nous croyions en leur existence. Mais il y a plusieurs versions possibles de cette théorie, pas nécessairement incompatibles entre elles. Dans la théorie « classique » de Lamarque, Carroll et Yanal, c'est littéralement la pensée du monstre qui provoque notre état de peur. Alors que pour Neill, Säätelä et Hartz, nos émotions sont souvent causées par des réactions involontaires ou des mécanismes quasi automatiques indépendants de nos croyances conscientes et de nos pensées [1].

Le principal avantage de cette théorie, c'est qu'elle préserve notre intuition du fait que nous éprouvons de véritables émotions dans notre relation à la fiction. Ainsi, notre

---

1. Le choix de la variante idoine dépendra beaucoup du type d'émotions en jeu (peur ≠ pitié) et du média qui les suscite (littérature ≠ cinéma). Ainsi, ne dit-on pas que l'on a peur dans des situations somme toute très différentes les unes des autres. On peut avoir peur pour soi et peur pour d'autres (personnages). On peut également avoir peur de quelque chose (le monstre vert et visqueux), mais aussi peur de ce qui va se passer (qu'y aura-t-il au détour du corridor dans le film *Shining*?). Il faut aussi différencier l'angoisse, une atmosphère générale inquiétante, de la peur et du sursaut (ou de ma peur anticipée du sursaut). Enfin, il se peut que j'aie peur d'un personnage, le tueur en série du film que je regarde, mais aussi, d'une réplique réelle de ce personnage qui se promènerait non loin de chez moi.

peur serait générée par la pensée de quelque chose de terrible sans la nécessité d'un quelconque engagement existentiel.

Mais quelle est la différence entre une croyance et une pensée ? Peter Lamarque soutient qu'avoir une croyance, c'est asserter une proposition, par exemple la proposition p, alors qu'avoir la pensée que p, c'est uniquement la détenir sans faire d'assertion à son sujet. Si l'on considère la proposition p, « le monstre m'attaque », quand je crois que p, j'asserte que le monstre m'attaque, alors que lorsque je pense que p, j'entretiens uniquement cette idée dans mon esprit sans implication. Avoir la pensée p, c'est être dans l'état mental caractérisé par la description propositionnelle que p. La saisie d'une pensée n'est ni vraie ni fausse, bien que son contenu propositionnel puisse être incorporé dans une croyance, un jugement ou une assertion.

Selon lui, les personnages de fiction « entreraient » alors dans notre monde en tant que (sens de) descriptions (cf. partie précédente) et deviendraient nos objets d'émotions en tant que contenu de pensées ou représentations mentales. Ce contenu peut être identifié de façon propositionnelle ou « prédicative ». La pensée « la lune est faite de fromage vert » a un contenu identifié par une description propositionnelle, alors que la pensée « un morceau de fromage » est identifiée par une description prédicative. Ainsi, Lamarque veut que nous admettions en tant que pensée tout ce que nous pouvons considérer comme contenu mental, c'est-à-dire des images, des fantaisies, des suppositions, et pas seulement des descriptions définies [1].

Enfin, Lamarque distingue *to be afraid of* de *to be afraid by*, cette dernière expression impliquant généralement l'exis-

---

1. La difficulté étant de caractériser précisément ce contenu de façon à ce qu'il soit également sensible au montage, à la lumière ou à la musique d'un film, comme à la structure, au style ou à « la coloration » d'un texte.

tence de ce sur quoi porte notre peur, alors que la première indique l'objet intentionnel de notre émotion. Dans l'exemple de Charles, il a vraiment peur de la pensée du monstre (*by*), alors que l'objet intentionnel de sa peur (*of*) est le monstre ou, plus précisément, l'ensemble des descriptions que subsume le nom dans le roman ou la forme sur l'écran. Autrement dit, nous n'avons pas peur de pensées, mais les pensées peuvent être effrayantes et nous effrayer. Cette distinction permet de répondre à l'objection de Walton qui relève que l'expérience de Charles « ne ressemble pas à la peur d'une pensée [*of*]; la caractériser ainsi est contraire à sa phénoménologie »[1]. La réponse est simple : ce n'est pas de la pensée dont Charles a peur (*of*) mais de son contenu, à savoir d'un objet, le monstre imaginé, caractérisé par les descriptions identifiantes appropriées[2].

C'est ainsi que cette théorie explique le paradoxe de la fiction : on peut être effrayé par la pensée de quelque chose sans croire qu'il y a quelque chose de réel qui correspondrait au contenu de cette pensée.

Si l'on examine un peu plus attentivement les choses, il faut expliquer la façon dont les contenus de pensée sont rattachés aux fictions. De façon générale, c'est le sens des énoncés fictionnels qui détermine les contenus de pensée auxquels nous réagissons. Lamarque note qu'il doit y avoir un lien causal et un lien de contenu entre les pensées dans notre esprit et les énoncés dans la fiction. Une connexion causale est

---

1. *Op. cit.*, p. 203.
2. Lamarque pense, comme Walton, que Charles n'a pas littéralement peur du monstre, mais du monstre qu'il imagine. Le problème que rencontre Walton, c'est qu'en enchâssant à la fois les croyances et les émotions de Charles dans l'imagination, il ne peut pas expliquer ses manifestations comportementales. Cela dit, ne pourrait-on pas également soutenir que Charles a littéralement peur du monstre, étant entendu qu'un monstre dans la fiction n'est pas un vrai monstre ?

nécessaire entre le texte et nos pensées afin d'éviter de répondre à des descriptions identifiant des propriétés qui ne seraient pas celles de l'œuvre ou du personnage en question. Mais une telle connexion n'est pas suffisante pour assurer le rapport entre ce qui est dit dans un texte et les pensées que nous entretenons à ce sujet. L'idéal serait, évidemment, une identité de contenu où le sens des propositions identifierait et constituerait le contenu de nos pensées à leur sujet. Autrement dit, en comprenant le sens d'un énoncé, nous aurions directement les représentations mentales correspondantes. La plupart du temps, cependant, nous devons faire des inférences logiques à partir des descriptions pertinentes du texte. On peut donc dire que nous répondons émotionnellement à un personnage fictionnel si l'on répond aux pensées, avec l'histoire causale requise, identifiées par le contenu descriptif ou propositionnel des phrases de la fiction ou des phrases dérivées de la façon appropriée[1].

Noël Carroll défend également cette théorie. Il souligne qu'elle rend à la fois compte de la phénoménologie de nos réactions émotionnelles à la fiction et résout les problèmes logiques que pose le paradoxe – notamment le fait que nous ne fuyons pas lorsque nous avons peur parce que nous ne croyons pas que le monstre existe. Elle est parfaitement adaptée dans le sens où elle n'assimile pas la pensée à la croyance, d'une part, et qu'elle permet à une simple pensée ou imagination de provoquer de l'émotion. Carroll trouve une preuve indirecte que nous pouvons être effrayés par le contenu de nos pensées dans le fait qu'il nous arrive de détourner notre attention pendant un film d'horreur particulièrement pénible en regar-

---

1. Afin d'appliquer cette analyse au cinéma, R. Joyce propose de relier causalement notre peur non seulement à nos pensées mais aussi aux images qui sont sur l'écran; voir « Rational Fear of Monsters », *The British Journal of Aesthetics*, vol. 40, 1, 2000, p. 209-224.

dant ailleurs ou en pensant à quelque chose d'autre. Ce faisant, on cherche à se détourner des pensées de ce qui est représenté à l'écran, et non pas à éliminer la croyance que le monstre existerait.

Mais, comme le fait justement remarquer Yanal, il faut expliquer en quoi le fait que nous sachions que le monstre n'existe pas n'inhibe pas en quelque sorte notre émotion à son sujet. Lamarque en parle en disant simplement que nous avons l'intuition « que nos croyances concernant ce qui est réel ou non se fondent dans l'arrière-plan lorsque nous regardons une pièce »[1]. Pour expliquer cela, Yanal va distinguer, outre des croyances actuelles/dispositionnelles, des croyances actives/ inactives. Une croyance actuelle est une croyance que nous avons pour ainsi dire sous les yeux, que nous considérons actuellement. Ainsi, je crois que mon livre est bientôt terminé, alors que si je n'y pense pas ma croyance restera disposi- tionnelle. Une croyance peut être active ou inactive en un continuum qui va des croyances qui ont un effet sur mon état mental ou mes actions à celles qui sont totalement inertes, selon le contexte. Par exemple, ma croyance que $7 + 5$ font 12 peut être inactive actuellement, mais pas ma croyance que je dois bientôt rendre mon manuscrit. Une croyance actuelle peut être totalement inactive, comme une croyance disposition- nelle peut être active. Par exemple, si nous croyons activement qu'Emma n'existe pas, cela peut contrarier notre pitié pour elle. C'est pourquoi nous *désactivons partiellement* le fait qu'Emma n'existe pas afin de ressentir des émotions sans pourtant nous illusionner.

Yanal tente également de développer les idées de Lamarque concernant l'intensité des pensées (et l'attention que nous leur accordons) afin de mieux défendre le « dyna- misme causal » de la pensée. Il est empiriquement vrai que

1. *Op. cit.*, p. 292.

l'imagination ou la pensée suffisent à générer de l'émotion, que l'on imagine par exemple un couteau aiguisé passant sur la paume de notre main, un lame de rasoir sur notre œil ou un sandwich de vomi[1]. Mais Yanal veut approfondir cette relation. Il ne suffit pas d'affirmer comme Carroll que c'est « juste la façon dont nous sommes fabriqués » et que nos réactions à la fiction « sont rationnelles en ce qu'elles sont normales »[2]. Yanal pense, comme Moran, que ce n'est pas la naturalité d'une représentation, sa ressemblance à la réalité, qui la rendrait plus intense, mais la présence d'un flux de détails appropriés – sans préciser pourtant quels seraient les bons détails. Moran croit que ce sont plutôt les qualités expressives d'une œuvre (le rythme, la répétition, etc.) qui jouent ce rôle. Il existe cependant des textes qui ne comportent pas de traits stylistiques saillants et qui sont émouvants. Bien que leurs réponses ne soient pas satisfaisantes en l'état, la bonne théorie concernant nos émotions fictionnelles devrait être capable de rendre compte d'une façon ou d'une autre de la qualité des *supports*, pour parler comme Walton, ce que précisément la théorie du faire-semblant en n'examinant que les vérités générées par la fiction est incapable de faire.

Quant à Glenn Hartz, il défend l'idée qu'il existe des croyances inconscientes. Ainsi Charles aurait la croyance inconsciente que le monstre est dangereux. Hartz justifie son point de vue par le recours aux théories de la psychologie cognitive. En substance, les réponses émotionnelles sophistiquées grandiraient sur le socle des réponses primitives précâblées. Ce fait s'expliquerait par la structure du cerveau où le siège de la raison, le néo-cortex, est construit sur le centre émotionnel, plus ancien sur le plan évolutif (le système limbique). Il a été montré que des attaques partielles du système

---

1. Les exemples sont, respectivement, de M. Smith, G. Hartz et S. Feagin.
2. *Op. cit.*, p. 83.

limbique affectent les capacités émotionnelles de l'organisme (colère, peur, amour, etc.), sans atteindre forcément les fonctions neuropsychologiques supérieures (mémoire, langage, processus d'attention et de raisonnement, etc.)[1]. En cas de peur, le système sympathique qui gère la sécrétion d'adrénaline serait activé involontairement. Dans le cas de Charles, les images du monstre rampant vers lui, accompagnées d'une sinistre musique, stimuleraient différentes régions cérébrales qui estimeraient automatiquement que c'est une menace à laquelle le corps doit se préparer. Ainsi « *une croyance est formée* – même si ce n'est pas conscient et si c'est inconsistant avec ce que Charles reconnaît explicitement »[2]. Si l'idée de croyance inconsciente n'est pas en soi absurde, on peut considérer que les croyances dispositionnelles sont inconscientes dans le sens où elles ne sont pas présentes à l'esprit, il est plus difficile d'admettre la possibilité d'une coexistence « pacifique » entre une croyance consciente que p et une croyance inconsciente que *non-p*. En effet, il paraît souhaitable de trouver une théorie qui préserve l'unité de nos croyances et qui, sans forcer les données empiriques, évite toute irrationalité. C'est pourquoi, au lieu de dire comme Hartz que Charles a la croyance inconsciente qu'il fait face à un danger, on pourrait dire qu'il a une émotion qui n'est pas sensible à l'ensemble des informations dont dispose le sujet, mais seulement à une partie d'entre elles. C'est en effet le propre de

---

1. En 1848, le crâne de P. Gage fut traversé par une barre de fer de six kilos qui endommagea son cortex préfrontal, une zone étroitement connectée aux structures limbiques adjacentes (gyrus cinguli, amygdale). Il survécut et conserva l'intégrité de ses facultés cognitives, mais il ne fut plus jamais le même, son humeur, son sens moral et donc sa personnalité avaient changé radicalement. Voir A. Damasio, 1994, *L'erreur de Descartes*, Paris, Odile Jacob, 1995.

2. *Op. cit.*, p. 563.

nombreuses émotions d'être ainsi « modulaires » [1] et d'engendrer des formes de dissonances cognitives, mais pas forcément doxastiques (au sens d'un conflit entre croyances attribuables au sujet).

Par conséquent, l'existence d'états « subdoxastiques » ou « modulaires », qui échappent à la caractérisation habituelle en termes de raisonnement inférentiel, explique comment nous pouvons avoir des émotions sans devoir croire à l'existence de leur objet – les croyances n'étant pas nécessaires aux émotions.

CONCLUSION

Pour conclure, nous aimerions simplement indiquer en quoi la théorie de la pensée va dans le sens de ce qui a été défendu dans le reste de ce travail.

Tout d'abord, il apparaît clair que le parallèle que Walton fait entre les jeux d'enfants et les œuvres d'art ne se justifie pas et, ce, pour deux raisons. Premièrement, nous l'avons suffisamment vu, nous ne jouons pas avec l'art ou la fiction à faire semblant de prendre une chose pour une autre ; deuxièmement, les vérités fictionnelles générées par les supports ne rendent pas compte d'une dimension essentielle de notre commerce

---

1. Selon cette théorie, l'esprit serait composé de modules, c'est-à-dire de systèmes cognitifs spécialisés, considérés souvent comme des adaptations biologiques et fonctionnant de manière largement indépendante les uns des autres. La vision est présentée comme un exemple paradigmatique de mécanisme modulaire. Ainsi, la fameuse illusion de Müller-Lyer montre que même lorsque l'on sait que les deux lignes sont de longueur identique, nous les percevons de longueurs différentes. Dans ce cas, notre perception visuelle est imperméable à nos croyances. Sous certains aspects, l'émotion fonctionne comme la perception : elle est cognitivement impénétrable, i.e. soumise à des contraintes écologiques propres. Voir J. Fodor, 1983, *La modularité de l'esprit*, Paris, Minuit, 1986 et R. de Sousa, *The Rationality of Emotions*, Cambridge, MIT Press, 1987.

avec l'art et la fiction – l'importance de leur aspect qualitatif. Le simple script d'un roman ou un monstre fait d'un tuyau d'arrosage nous émeuvent difficilement, parce qu'ils manquent de qualités spécifiques.

Ensuite, cette conception de l'émotion dans la fiction correspond totalement au caractère *aspectuel* du descriptivisme et à l'importance réitérée d'une vision *immanente* de la fiction. En effet, si la façon dont sont racontées les histoires compte vraiment dans nos réponses émotionnelles à la fiction, seul le descriptivisme étroit qui a été défendu ici est à même d'en rendre compte par l'attention minutieuse qu'il accorde au contenu et au mode de présentation de toute fiction. Ainsi, une fois que les descriptions définies caractérisant un personnage de fiction sont constituées en tant qu'« objet » de faire semblant par l'emprunt de la référentialité, on peut avoir de vraies émotions à son égard.

Enfin, la possibilité d'une interaction psychologique entre les mondes renoue des liens que la sémantique (ou la pragmatique) avaient coupés. La théorie de la pensée est capable d'expliquer comment notre rapport aux œuvres nous procure de véritables émotions. Cette interaction psychique avec la fiction est capitale afin d'en saisir toute l'importance pour les hommes.

TABLE DES MATIÈRES

TEXTES ET COMMENTAIRES

Imprimerie de la Manutention à Mayenne – Décembre 2005 – N° 336-05
Dépôt légal : 4ᵉ trimestre 2005

Imprimé en France